Poets of
São Tomé and Príncipe

A Bilingual Selection

Poetas de
São Tomé e Príncipe

Uma selecção bilingue

Translations, Introduction, and Notes by
traduções, introdução, e notas por

Frederick G. Williams

BYU Studies
Provo, Utah

União dos Escritores e Artistas (UNEAS)
São Tomé, São Tomé e Príncipe

Camões—Instituto da Cooperação e da Língua, I. P.
Lisboa, Portugal

English translation of the poems, Introduction and Notes copyright © 2015 Frederick G. Williams, all rights reserved.
Portuguese translation of the Introduction and Notes copyright © 2015 Frederick G. Williams, all rights reserved.

The original Portuguese versions of the poems in this anthology are copyrighted by their respective authors. See copyright acknowledgements on page 326 for more information.

No part of this book may be reprinted or reproduced or utilized in any form or by any electronic, mechanical, or other means, now known or hereafter invented, including photocopying and recording or in an information storage and retrieval system, without permission in writing from the publisher.

Special thanks to Ruth Baptista from Angola and Portugal for carefully proofreading the original Portuguese texts.

Published by BYU Studies (Provo), with the cooperation and support of the União dos Escritores e Artistas (S. Tomé), and the Camões—Instituto da Cooperação e da Língua, I.P. (Lisbon).
Distributed in the US and elsewhere by BYU Studies (978-1-938896-97-2). Requests for permission to make copies of any part of the work should be directed to: BYU Studies, 1063 JFSB, Provo, Utah 84602-6720.
Contact BYU Studies by email at byu_studies@byu.edu; by phone at (801) 422-6691; or by fax: (801) 422-0232.
http://byustudies.byu.edu

Library of Congress Cataloging-in-Publication Data
Poets of São Tomé and Príncipe : a bilingual selection / translations, introduction, and notes by Frederick G. Williams = Poetas de São Tomé and Príncipe : uma selecção bilingue / traduções, introdução, e notas de Frederick G. Williams. — First edition.
    pages cm
Includes bibliographical references and index.
ISBN 978-1-938896-97-2
1. Portuguese poetry—Sao Tome and Principe—Translations into English. 2. Portuguese poetry—Sao Tome and Principe. 3. Portuguese poetry—19th century. 4. Portuguese poetry—20th century. 5. Poets, Portuguese—Sao Tome and Principe—Biography. 6. Sao Tome and Principe—Poetry. I. Williams, Frederick G., translator. II. Title: Poetas de São Tomé e Príncipe.

PQ9948.65.E3P63 2015
869.1008'096715—dc23

2014039555

* * *

Tradução dos poemas em inglês, Introdução e Notas direitos autorais © 2015 Frederick G. Williams. Todos os direitos reservados. Versão em português da Introdução e Notas direitos autoraís © 2015 Frederick G. Williams. Todos os direitos reservados.

Os direitos autorais das versões originais dos poemas em português pertencem aos respectivos autores.
Ver a página 326 dos Direitos Autorais para mais informação.

É proibido copiar, reproduzir ou utilizar todo ou parte deste livro em qualquer forma, seja ela electrónica ou mecânica, usando métodos conhecidos ou ainda por ser inventados, incluindo fotocópias, gravações ou sistemas de armazenagem, sem autorização prévia, por escrito, da editora.

Agradecimento especial a Ruth Baptista, de Angola e Portugal, pela revisão do português.

Publicado pela BYU Studies (Provo), com o apoio da União dos Escritores e Artistas (S. Tomé) e Camões—Instituto da Cooperação e da Língua, I.P. (Lisboa).

First edition 2015
Printed in the United States of America
5 4 3 2 1

Sumário

Prefácio 8
Introdução 14
   São Tomé e Príncipe:
   uma visão panorâmica

Século XIX

Francisco Stockler (1839-1884) 40

"Sun Fâchicu Estoclê" (crioulo) 42
"Pló castigu culpa mun" (crioulo) 44
"Dêssu mun, valê mun Sun" (crioulo) 46

Costa Alegre (1864-1890) 50

Júlia e Maria 52
Maria 54
Experiência 56
Soneto 58
Eu e os passeantes 60
Delmirita (fragmento em quadras) 62
Aurora 64
A negra 66

Herculano Levy (1889-1969) 70

O renegado 74
Contraste 76
Aniversário 78
Soneto 80
1917 82
Caridade 84

Geração do Modernismo

Marcelo Veiga (1892-1976) 88

O batuque, V (fragmento) 90
Costa Alegre 92
Regresso do homem negro 94
Nova lira—canção 98

Contents

Preface 9
Introduction 15
   São Tomé and Príncipe:
   A Panoramic Overview

Nineteenth Century

Mister Francisco Stockler 43
As Punishment for My Guilty Sins 45
My God, oh Succor Me, My Lord 47

Julia and Mary 53
Mary 55
Experience 57
Sonnet 59
I and Those Who Pass By 61
Delmirita (fragment in quatrains) 63
Aurora 65
The Black Girl 67

The Renegade 75
Contrast 77
Birthday 79
Sonnet 81
1917 83
Charity 85

Generation of Modernism

The Batuque, V (fragment) 91
Costa Alegre 93
Return of the Black Man 95
New Lyre—Song 99

Contents — iii

É vergonha ou o quê? 100	Are You Ashamed or What? 101
África é nossa (fragmento) 102	Africa Is Ours 103

Almada Negreiros (1893-1970) 104

"E continuam a nascer soldados" 106	And soldiers continue to be born 107
"Do Éther o Destino me lançou em pára-queda" 108	From Ether Destiny hurled me in a parachute 109
Luís o poeta salva a nado o poema 112	Luis the Poet Swimming Saves the Poem 113
Rosa dos ventos 116	Compass Rose 117
"A flor tem linguagem de que a sua semente não fala" 118	The flower has a language that its seed doesn't speak 119
Momento de poesia 120	Moment of Poetry 121
"esta grandeza de não a ter" 122	this greatness of not having it 123
"Coimbra" 124	Coimbra 125

Século XX (Nascidos nos anos 20) / Twentieth Century (Born in the 1920s)

Francisco José Tenreiro (1921-1976) 128

Romace de Sinhá Carlota 130	The Ballad of Missy Carlota 131
Logindo o ladrão 134	Logindo the Thief 135
Fragmento de blues 136	A Fragment of Blues 137
Abraham Lincoln 140	Abraham Lincoln 141
Poente 142	Sunset 143
Canção do mestiço 144	The Mestizo's Song 145
Romance de Sã Márinha 148	Ballad of Sã Márinha 149
1619 150	1619 151
Romance de Seu Silva Costa 152	Ballad of Mr. Silva Costa 153

Maria Manuela Margarido (1925-2007) 154

Sòcòpé 156	Sòcòpé 157
Roça 158	Plantation 159
Paisagem 160	Landscape 161
Vós que ocupais a nossa terra 162	You Who Occupy Our Land 163
Memória da Ilha do Príncipe 164	Memory of the Island of Príncipe 165
Serviçais 166	Contract Workers 167

Alda Espírito Santo (1926-2010) 168

Lá no Água Grande 170	Out in Água Grande 171
Para lá da praia 172	Beyond the Beach 173
Em torno da minha baía 176	Around My Bay 177
No mesmo lado da canoa 178	On the Same Side of the Canoe 179

Avó Mariana 184
Onde estão os homens caçados
   neste vento de loucura 188

Grandma Mariana 185
Where Are the Men Caught
   in This Insane Windstorm 189

Século XX
(Nascidos nos anos 30 e 40)

Twentieth Century
(Born in the 1930s and '40s)

António Tomás Medeiros (1931–) 194

Maxibim Poçon (crioulo) 196
Um socopé para Nicolás Guillén 200
Meu canto Europa 204
O novo canto da mãe 206
Canção do ilhéu 208

Maxibim Poçon 197
A Socopé for Nicolás Guillén 201
My Europe Song 205
The Mother's New Song 207
Song of the Islander 209

Maria Olinda Beja (1946–) 210

Quem somos? 212
Por ti 214
Raízes 216
Ébano 218
Germinal 220
Margens 222
Heranças 224

Who Are We? 213
For You 215
Roots 217
Ebony 219
Germinal 221
Margins 223
Legacies 225

Século XX
(Nascidos nos anos 50)

Twentieth Century
(Born in the 1950s)

Armindo Vaz d'Almeida (1953–) 228

Vida 230
A prece necessária 232
25 Cravos para Portugal 234
Por um 8 de Março 236
Poema ao vento sul 240

Life 231
The Necessary Prayer 233
25 Carnations for Portugal 235
For an 8th of March 237
Poem to the Southern Wind 241

Jerónimo Salvaterra (1953–) 242

Desejo oculto 244
Dia da família 246
Rapsódia cultural 248
Roças 250
Sonhos 252

Hidden Desire 245
Family Day 247
Cultural Rhapsody 249
Plantations 251
Dreams 253

Francisco Costa Alegre (1953–) 254

Matété 256

Matété 257

Contents — v

O ovo de Colombo 258	The Egg of Columbus 259
Angola 262	Angola 263
Homem 264	Man 265
Família 266	Family 267

Frederico Gustavo dos Anjos (1954-) 268

A lenda de um anel doirado 270	The Legend of a Golden Ring 271
Rogo em silêncio 272	Silent Prayer 273
"Quando a noite cair" 274	When night falls 275
Aviso de divulgação fácil 276	Warning of Easy Disclosure 277
Palavra de ordem para todos 278	Word of Order for Everyone 279

Aíto de Jesus Bonfim (1955-) 280

É preciso consagrar 282	It Is Necessary to Consecrate 283
Espantar a fome 284	Drive Away Hunger 285
Sinto a África 286	I Feel Africa 287
As espécies humanas 292	The Human Species 293
O amor 294	Love 295

Século XX (Nascidos nos anos 60) / Twentieth Century (Born in the 1960s)

Conceição Lima (1961-) 298

Três verdades contemporâneas 300	Three Contemporary Truths 301
Viajantes 302	Travelers 303
Projeto de canção para Gertrudis Oko 304	Design of a Song for Gertrudis Oko 305
Tu sabes que o futuro 306	You Know That the Future 307
A dádiva 308	The Gift 309
Os mortais infinitos 310	The Infinite Mortals 311
Poema para minha avó 312	Poem for My Grandmother 313

Manuel Teles Neto (1964-) 314

Carta 316	Letter 317
Lenda 318	Legend 319
Altar 320	Altar 321
As páginas da vida 322	The Pages of Life 323
Parabéns amiga 324	Congratulations Friend 325

Direitos autorais 326	Copyright Acknowledgements 326
Notas sobre o tradutor 328	Notes on the Translator 329
Índice dos títulos 332	Title Index 333
Índice dos poetas 336	Poet Index 336

Prefácio

Nesta antologia bilingue, encontram-se 101 poemas, obras de dezassete poetas; estes vão desde o século XIX até à presente data, mas com a grande maioria vinda dos séculos XX e XXI. Existe, entre os poetas escolhidos, uma variedade de assuntos e pontos de vista políticos, assim como uma diversidade de raças e etnias culturais. Mas quer os poetas sejam africanos, quer portugueses ou mestiços, o critério principal para inclusão foi o valor inerente dos seus poemas.

    O meu interesse na literatura africana de expressão portuguesa começou em 1966 aquando estudante de pós-graduação na Universidade de Wisconsin-Madison, sob a direção do professor e poeta português, Jorge de Sena. As colónias não eram ainda independentes, portanto os finos poetas de todas as províncias de além-mar eram incluídos no cânone da literatura portuguesa que estudávamos. Embora Sena nunca tenha visitado São Tomé e Príncipe, conhecia muitos dos escritores pessoalmente e introduziu-nos ao trabalho de tão distintas figuras são tomenses como Almada Negreiros, o artista--escritor-dançarino e companheiro de Fernando Pessoa nos primeiros dias do Modernismo, e Francisco José Tenreiro, que tem a primazia de apresentar o tema da "negritude" ou imagens e vocabulário africanos, na literatura portuguesa.

    A minha primeira viagem a São Tomé ocorreu em 2005. Porém, algumas das traduções que aparecem em *Poetas de São Tomé e Príncipe* datam de 1978, quando a aclamada barroquista Maria de Lourdes Belchior, minha colega que substituiu o falecido Jorge de Sena na Universidade da Califórnia Santa Bárbara, apoiou-me na preparação dum texto para uma cadeira sobre a literatura portuguesa em tradução inglesa. A medida em que ensinei a cadeira, fui adicionando mais poetas e poemas em tradução.

    Sempre que possível selecionei poemas retirados das obras dos próprios autores, contando com o apoio de outras instituições através do Empréstimo

Preface

There are seventeen poets represented in this bilingual anthology and 101 poems; these range from the nineteenth century to the present, but with the bulk coming from the twentieth and twenty-first centuries. There is also a broad range of topics and political points of view, as well as a diversity of racial and cultural ethnicity represented among the poets. But whether they were Africans, Portuguese, or a mixture of both, the principle-guiding criterion for their inclusion is their poems' inherent literary value.

Interest in the literature of the former Portuguese African colonies began for me in 1966, when I was a graduate student in Portuguese at the University of Wisconsin, Madison, under the guidance of renowned Portuguese professor and poet Jorge de Sena. The colonies were not yet independent and therefore the fine poets of all the overseas provinces were included in the canon of Portuguese literature we studied. Although Sena had not been to São Tomé and Príncipe, he knew many of the writers personally and introduced us to the works of such imposing São Tomean figures as Almada Negreiros, the artist-writer-dancer and companion to Fernando Pessoa in the early days of Modernism, and Francisco José Tenreiro, who introduced the topic of "negritude," or African images and vocabulary, into mainstream Portuguese literature.

My first trip to São Tomé occurred in 2005. However, the translations that appear in *Poets of São Tomé and Príncipe* date from as early as 1978 when renowned baroque scholar, Maria de Lourdes Belchior, my colleague who replaced the deceased Dr. Sena at the University of California, Santa Barbara, encouraged me to prepare a text for a course on Portuguese literature in English translation. Each time I taught the class I would add more poets and poems in English translation.

Whenever possible I have selected poems taken from the published works of the authors themselves, relying on the graciousness of other institutions

Inter-Bibliotecário quando a minha coleção pessoal ou a da biblioteca Harold B. Lee da Universidade de Brigham Young, não tinham o livro em questão. Também recorria à obra pioneira de Manuel Ferreira que preparou uma antologia de poetas africanos intitulado *No Reino de Caliban II, antologia panorâmica da poesia africana de expressão portuguesa*, vol. 2 Angola e São Tomé e Príncipe (Lisboa: Plátano Editora, 3ª edição, 1997).

Assim como nos outros volumes desta série bilingue, a saber: *Poetas do Brasil* (2004); *Poetas de Moçambique* (2006); *Poetas de Portugal* (2007); *Poetas de Cabo Verde* (2010); *Poetas da Ásia Portuguesa: Goa, Macau, Timor Leste* (2013) e *Poetas de Angola* (2014), tentei ser fiel ao conteúdo do poema e também manter a metrificação e a rima na tradução inglesa, sempre que estas eram empregues nos originais portugueses ou crioulos, acreditando que é na combinação destas três partes que se alcança a maior afinidade com o original, mesmo quando alguns aspectos do significado se perdem.

Gostaria de agradecer aos muitos membros dos vários corpos docentes e discentes que leram o manuscrito na sala de aula ou individualmente, contribuindo com comentários e sugestões. Os meus agradecimentos a BYU Store, a qual publicou várias das edições preliminares para uso na sala de aula; à tradutora Ruth Baptista nascida em Angola e criada em Portugal que fez a revisão do texto em português; ao Dr. James B. Welch e à minha esposa, Carol Y. Williams, que fizeram a revisão do texto em inglês; à Professora Doutora Ana Paula Laborinho, presidente do Instituto Camões.

O meu profundo agradecimento aos administradores e equipas editoriais da Universidade de Brigham Young (Provo, Utah), pela sua paciência e boa vontade, seus esforços incansáveis e o seu profissionalismo ao vencerem inúmeros obstáculos inerentes à produção do volume bilingue. Estes incluem Professor John W. Welch, redator chefe; Roger Terry, diretor de publicações; Jennifer Hurlbut, redatora sénior; Marny K. Parkin, redatora de produção e Annette Samuelsen, coordenadora de publicações.

O meu maior agradecimento, porém, é reservado aos próprios poetas, do passado e do presente, que nos enriqueceram através da sua poesia. Em particular quero destacar a primeira dama das letras são tomenses, Alda do Espírito Santo, então Presidente da União Nacional dos Escritores e Artistas São Tomenses, que em 2005 com muita atenção mostrou-me a UNEAS, levou-me a sua casa, deu me livros e informação, e calorosamente me encorajou neste projeto. Todos os poetas enriqueceram-nos através das suas criações.

through Interlibrary Loan when my personal library or Brigham Young University's Harold B. Lee Library did not have the book. I have also relied on the pioneering work of Manuel Ferreira, who prepared an anthology of African poets of Portuguese expression entitled *No Reino de Caliban II antologia panorâmica da poesia Africana de expressão portuguesa*, vol. 2 Angola and São Tomé e Príncipe (Lisbon: Plátano Editora, 3d edition, 1997).

As with the other volumes in this bilingual series, to wit: *Poets of Brazil* (2004), *Poets of Mozambique* (2006), *Poets of Portugal* (2007), *Poets of Cape Verde* (2010), *Poets of Portuguese Asia: Goa, Macao, East Timor* (2013), and *Poets of Angola* (2014), I have endeavored not only to remain faithful to the content of the poem, but have also striven to maintain the meter and rhyme in the English translations, whenever these were present in the Portuguese or Creole originals, believing that it is in this tripartite combination that one can more closely approximate the original, even if some aspects of meaning are at times lost in order to retain the form.

It is with heartfelt gratitude that I thank the many faculty members and students who have read the manuscript in class or individuals who have made comments and suggestions. Thanks go to BYU Store for publishing the various early classroom editions of the work; to Ruth Baptista from Angola and Portugal, who proofread the Portuguese texts; to Dr. James B. Welch and my wife, Carol Y. Williams, who proofread the English texts; to Dr. Ana Paula Laborinho, President of the Camões Institute.

My profound thanks to the administrators and editorial team of Brigham Young University in Provo, Utah, for their goodwill, patience, untiring efforts, and professional expertise in overcoming innumerable obstacles inherent in producing a collaborative bilingual volume. These include Professor John W. Welch, editor-in-chief; Roger Terry, editorial director; Jennifer Hurlbut, senior editor; Marny K. Parkin, production editor; and Annette Samuelsen, publications coordinator.

My greatest appreciation however, is reserved for the poets themselves, past and present (many of whom went out of their way to supply me with information and texts), in particular the grand dame of letters from São Tomé and Príncipe, Alda do Espírito Santo, then President of the National Union of Writers and Artists, who in 2005 very graciously showed me around the UNEAS, took me to her home, gave me books and information, and warmly encouraged me in this effort. All the poets have enriched us by their creations.

Portanto, os meus sinceros agradecimentos vão para os poetas e as suas família, assim como para os editores, por permitirem que os seu poemas fossem incluídos.

Gostaria de deixar a seguir o meu próprio tributo lírico, intitulado "Ilha de São Tomé".

Frederick G. Williams
Universidade de Brigham Young

My thanks to them and to their families, and to their editors as well, for allowing the poems to be included.

I wish to leave below a brief lyrical tribute of my own, entitled "Island of São Tomé."

Frederick G. Williams
Brigham Young University

Ilha de São Tomé

São Tomé
Socopé,
verde cor
linda flor.

Amador,
Batepá,
tanta dor;
sabuá?

São Tomé
hoje é
livre já
pra cantá,

respirar
ter amor,
trabalhar
sem mais dor.

Socopé: Dança tradicional de São Tomé para homens e mulheres. Vem do portuguese "só com o pé".
Verde: Devido a sua vegetação luxuriante, São Tomé é muitas vezes denominada a ilha verde.
Rei Amador: Escravo fugido que com seus seguidores evadiu a autoridade colonial portuguesa por 11 anos antes de ser capturado e enforcado. Sua imagem aparece em todas as notas de papel moeda.
Batepá: Nome do massacre em 1953 por ordem do governador português contra as pessoas de uma vila que se recusavam a ser tratados como escravos na roça. Cerca de mil homens, mulheres e crianças morreram, os corpos jogados ao mar.
Sabuá: Cumprimento são tomense; "Vai bem?"

Island of São Tomé

São Tomé
Socopé,
color green
flowers seen.

Amador,
Batepá,
pain so sore;
sabuá?

São Tomé
is today
free to sing
freedom's ring,

breathe anew
love again,
work accrue
without pain.

Socopé: Portuguese "só com o pé," only with the foot, a traditional dance for men and women.

Green: Due to its lush vegetation, São Tomé is often called the Green Island.

King Amador: An escaped slave who with his followers held out for 11 years in the sixteenth century against Portuguese colonial authority before he was captured and hanged. His image is on all banknotes.

Batepá: Name of the massacre in 1953 ordered by the Portuguese governor against a local village whose residents refused to be treated like slaves on the plantation. Some thousand men, women, and children were killed, their bodies thrown into the sea.

Sabuá: "How are you doing?" A common expression in the local dialect.

Coração
tem canção;
linda é
São Tomé.

12 de Junho de 2005
São Tomé

Song-filled hearts
all the arts;
lovely day
in São Tomé.

June 12, 2005
São Tomé

São Tomé e Príncipe: Uma visão panorâmica

Com uma área de apenas 1.001 quilómetros quadrados (386 milhas quadradas), a pequena nação de São Tomé e Príncipe é a segunda mais pequena da África, sendo as Seychelles a menor de todas. Embora um país pequeno, São Tomé e Príncipe tem quatro línguas nacionais: Português (a língua oficial, falada por 95% dos habitantes), e os crioulos baseados no português: Forro (85%), Angolar (3%) e Principense (0.1%). A nação consiste de duas habitadas ilhas vulcânicas que se encontram um pouco acima do equador, umas 200 milhas ao oeste de Gabão no continente africano, e situado no Golfo da Guiné abaixo da curva da grande protuberância ocidental do continente africano. Estima-se que havia 190,000 habitantes em 2014. O solo é fértil e a floresta é luxuriante com muita vegetação e fauna. A mata cobre quase 90% das ilhas, com muitos rios. O Parque Nacional do Obô, que cobre um terço das ilhas, é uma zona de flora riquíssima que contém 900 espécies de plantas e 75 espécies de aves, assim também quatro espécies de tartarugas do mar que botam seus ovos na praia. O mar que circunda as ilhas contém mais de 240 espécies de peixes, incluindo o estranho aquático chamado *periophthalmus*, o único peixe que pode caminhar usando as barbatanas e ficar fora da água durante horas, graças a sua capacidade de armazenar água nas guelras e respirar através da pele.

Depois de 500 anos como colónia de Portugal, São Tomé e Príncipe ganhou a sua independência no dia 12 de Julho de 1975, próximo das datas de independência das suas quatro nações irmãs cuja língua oficial é o português, mas só depois duma longa guerra de libertação que se desencadeou principalmente em Guiné-Bissau, Angola e Moçambique. As hostilidades só pararam depois de um golpe de estado pelas forças armadas de Portugal ocorrido no 25 de Abril de 1974. Esta ação pacífica derrubou o governo fascista que tinha controlado Portugal e suas províncias d'além mar durante quase 50 anos, primeiro sob António de Oliveira Salazar, e então por oito anos sob os seus sucessor, Marcello Caetano.

São Tomé and Príncipe: A Panoramic Overview

With an area of only 386 square miles (1,001 square kilometers), the tiny nation of São Tomé and Príncipe is the second smallest country in Africa, Seychelles being the smallest. Although a small country, São Tomé and Príncipe has four national languages: Portuguese (the official language, spoken by 95% of the population), and the Portuguese-based creoles of Forro (85%), Angolar (3%), and Principense (0.1%). The island nation is made up of two main inhabited volcanic islands lying just above the equator, 200 miles west of Gabon on the African mainland, and situated in the Gulf of Guinea just below the curvature of the great western bulge of the Africa continent. The population was estimated at 190,000 in 2014. The soil is fertile and the rainforest is lush with vegetation and fauna. Forest covers about 90% of the islands, with many rivers. Obô National Park, which covers about a third of the islands, is a rich area containing 900 species of plants and 75 species of birds, plus four species of sea-going turtles that nest on the shores. The ocean that surrounds the islands has over 240 species of fish, including the mudskipper, the only fish on earth that can walk on their webbed fins and stay out of the water for hours, thanks to their ability to store water in the gills and to breathe through their skin.

After 500 years as a colony of Portugal, São Tomé and Príncipe gained its independence on July 12, 1975, near the time her four Portuguese-speaking African sister-nations gained theirs, but only after a long war of independence fought primarily in Guinea-Bissau, Angola, and Mozambique. Hostilities ended after a Portuguese military coup in Lisbon, which occurred on April 25, 1974. That peaceful action overthrew the fascist government that had controlled Portugal and its overseas provinces for nearly 50 years, first under António de Oliveira Salazar, and then for eight years under his successor, Marcello Caetano.

Although not a battleground, São Tomé had seen its share of bloodshed in the form of a massacre that took some 1,000 lives of men, women and

Embora não tenha sido um campo de batalha, São Tomé teve sua dose de hostilidade sangrenta aquando a chacina de Batepá que atingiu mais de 1.000 vidas de homens, mulheres e crianças durante um período de três dias perto de Batepá, São Tomé no início de Fevereiro de 1953. Esta tragédia é tida como o começo da luta pela independência de São Tomé e Príncipe, e a sua comemoração é um feriado nacional. É um assunto abordado por muitos autores nacionais e internacionais na literatura e no canto.[1]

Época dos Descobrimentos Portugueses

Portugal durante o século XV e início do século XVI deu ao mundo a primeira visão panorâmica e compreensiva do planeta. Portugal criou mapas com seus aspectos geográficos, os oceanos, continentes e ilhas. Estudou e descreveu suas maiores civilizações, culturas, raças e línguas, e a elas introduziu à tecnologia ocidental, seus produtos, costumes e religião. O país começou a troca de flora e fauna entre os continentes e um estudo sistemático para catalogar suas variedades e usos. Em suma, Portugal juntou os diferentes ramos da família humana e também suas culturas. Este empreendimento insólito foi realizado apenas há seis séculos atrás. O conhecimento do planeta antes da Era dos Descobrimentos de Portugal era limitada e localizada. Depois das explorações portuguesas, o mundo tornou-se uma comunidade global.

Quando o rei de Portugal, Dom João I (fundador da Dinastia de Avis), conquistou Ceuta em 1415, uma fortaleza moura no litoral do norte de África, desencadeou uma política de expansão para a pequena nação lusa no extremo ocidental da Europa, que mudaria o curso da história do mundo. O mundo pré-português era extremamente diferente do mundo pós-português em que vivemos. Com a tomada de Ceuta, Portugal tornou-se o primeiro poder colonial europeu a conquistar território além das fronteiras da Europa desde os dias antigos de Roma. As suas façanhas estabeleceram o modelo de que se serviram Espanha, Holanda, Inglaterra e França nos séculos que se seguiram.

Com cada viagem, a tecnologia marítima de Portugal aumentou e foi refinada. Com o apoio da Casa Real de Avis, que sob o patrocínio de Dom Manuel I tornou-se o mais rico e mais poderoso reino em toda a cristandade,[2] e com a bênção da Igreja Católica Romana, Portugal descobriu dois-terços do mundo para a Europa, e durante um século e meio, controlou o comércio (e muitas vezes obteve a soberania) sobre um imenso espaço do

children over a three-day period near Batepá, São Tomé, in early February of 1953. That tragedy is considered the beginning of São Tomé's struggle for independence, and its commemoration has become a national holiday. Many authors have written about this subject in literature and song, at home and abroad.[1]

Portuguese Age of Discovery

Portugal during the fifteenth and early sixteenth centuries gave the world its first panoramic and comprehensive view of itself. She mapped its major geographical components, its oceans, continents, and islands. She studied and described its major civilizations, cultures, races, and tongues, and introduced to them Western technology, products, customs and religion. She began the exchange of flora and fauna between the continents and the systematic study and cataloguing of their varieties and uses. In sum, she brought together the disparate branches of the human family and their cultures. This stunning achievement was accomplished a mere six hundred years ago. Knowledge of the world before the Portuguese Age of Discovery was limited and localized. After Portugal's groundbreaking explorations, the world became a global community.

When Portugal's King John I (the founder of the Avis Dynasty) captured Ceuta, a Moorish stronghold on the northern coast of Africa, in 1415, he set in motion a policy of expansion for that tiny nation on the extreme western edge of Europe that would change the course of world history. The pre-Portuguese world was vastly different from the post-Portuguese world in which we live. With the taking of Ceuta, Portugal became the first European colonial power to conquer territory outside of Europe since the days of ancient Rome. Her exploits established the model that would be used by Spain, Holland, England, and France in later centuries.

With each voyage taken, Portuguese maritime technology increased and was refined. With the full support of the royal House of Avis, which under Manuel I became the richest and most powerful kingdom in all Christendom,[2] and with the blessing of the Roman Catholic church, Portugal discovered two-thirds of the world for Europe, and for a century and a half, controlled the commerce (and often held sovereignty) over an immense area of the world which included Africa, Arabia, India, China, Indonesia, Japan, Oceania, and half of South America.[3] The great missionary and preacher Father Antonio Vieira observed, "Truly God gave my countrymen a small land for their birthplace, but the entire world to die in."[4]

mundo, que incluía África, Arábia, Índia, China, Indonésia, Japão, Oceânia e metade da América do Sul.³ O grande missionário e pregador Padre António Vieira observou, "Deus deu aos portugueses um país pequeno como berço, mas o mundo todo como túmulo".⁴

Jámais havia existido um império assim. Lisboa tornara-se a nova Veneza a qual atraiu especuladores dos quatro cantos do mundo. Portugal também se tornou no embaixador do Oeste para estas novas terras e o intérprete destes novos povos para a Europa. Povos, bens, flora e fauna foram trocados entre continentes e o conhecimento aumentou. A perene prática de escravizar gente aumentou e o tráfico de escravos tornou-se um comércio global. Transportando escravos africanos pelo mundo fora como mão de obra, era o suporte duma vasta economia em crescimento que trouxe grandes riquezas a Portugal, Europa e América, mas também tremenda dor e sofrimento a milhões.

Como consequência da expansão portuguesa, há muitas palavras na língua inglesa e em outras línguas ocidentais, que vieram do, ou através do português, tais como: *albacore* (albacora), *albatross* (albatroz), *albino* (albino), *cashew* (caju), *caste* (casta), *cobra* (cobra), *cockatoo* (cacatua), *corn pone* (pão de milho), *cougar* (cuguardo), *cuspidor* (cuspidor), *dodo* (doudo), *emu* (ema), *fetish* (feitiço), *flamingo* (flamingo), *jaguar* (jaguar), *junk* (junco), *launch* (lancha), *macaw* (macau), *mandarin* (mandarim), *marmalade* (marmelada), *molasses* (melaço), *monsoon* (monção), *pagoda* (pagode), *pickaninny* (pequenina), *veranda* (varanda), *yam* (inhame) e *zebra* (zebra).

De acordo com Charles R. Boxer, ilustre historiador britânico, o império português foi um império comercial e marítimo dentro de uma matriz militar e eclesiástica.⁵ Os indivíduos ou serviam a Coroa ou a Igreja. Portugal nem sempre tentou conquistar nações ou povos já existentes, mas simplesmente manter um monopólio comercial. Para este fim, estabeleceu a supremacia naval no Oceano Índico com três fortalezas: Goa (Índia), Ormuz (Pérsia) e Malaca (Malásia). Assim que conseguiram defendê-las dos comerciantes muçulmanos (o Oceano Índico tornou-se basicamente um mar português por mais de um século), eles estabeleceram fortalezas ao redor do perímetro da África à Ásia, os quais serviram de portos comerciais. Uns foram mantidos pelas tropas portuguesas, outros por tratados ou alianças com os monarcas locais. Em todo o caso, os navios portugueses, com a sua mobilidade e superioridade bélica, patrulhavam toda a região.

Sempre que possível, os portugueses preferiam estabelecer-se nas ilhas costeiras. Alguns portos tornaram-se cidades "europeizadas", tais como

Never had there been such an empire. Lisbon became the new Venice and drew would-be profiteers from all over the earth. Portugal also became the ambassador of the West to the new lands and the interpreters of the new peoples for Europe. People and goods, as well as flora and fauna, were exchanged, and knowledge increased. The long-standing practice of enslaving people also became a global business. Transporting African slaves around the world as laborers was the underpinning of rapid economic growth that brought great riches to Portugal, Europe, and America, but also tremendous grief and suffering to millions.

As a consequence of Portugal's vast geographic, cultural, and linguistic outreach, there are many words found in the English language and in other Western languages that came from or through Portuguese. These include *albacore* (albacora), *albatross* (albatroz), *albino* (albino), *cashew* (caju), *caste* (casta), *cobra* (cobra), *cockatoo* (cacatua), *corn pone* (pão de milho), *cougar* (cuguardo), *cuspidor* (cuspidor), *dodo* (doudo), *emu* (ema), *fetish* (feitiço), *flamingo* (flamingo), *jaguar* (jaguar), *junk* (junco), *launch* (lancha), *macaw* (macau), *mandarin* (mandarim), *marmalade* (marmelada), *molasses* (melaço), *monsoon* (monção), *pagoda* (pagode), *pickaninny* (pequenina), *veranda* (varanda), *yam* (inhame), and *zebra* (zebra).

According to the renowned British historian Charles R. Boxer, the Portuguese empire was a commercial and maritime empire cast in a military and ecclesiastical mold.[5] Individuals served either the Crown or the Church. Portugal did not always attempt to conquer existing nations or peoples, but strove only to maintain a commercial monopoly. To this end they established naval supremacy in the Indian Ocean with three key strongholds: Goa (India), Hormuz (Iran), and Malacca (Malaysia). Once the Indian Ocean was secured from Muslim traders (it was virtually a Portuguese sea for over a century), they established fortresses all around its perimeters from Africa to Asia. Serving as commercial ports, some were maintained with a Portuguese garrison; others were there by treaty or alliance with the existing chieftains or monarchs. In either case, Portuguese ships, with their superior maneuverability and cannons, policed the entire area. Wherever possible, they preferred to establish themselves on the coastal islands. Some ports became Europeanized cities; these included Ponta Delgada (São Miguel) and Angra do Heroísmo (Terceira) in the Azores, a mid-Atlantic island archipelago. Similarly, Europeanized cities were established on the African island archipelago of Cape Verde, in São Tomé and Príncipe, as well as Goa in India, Macao in China, and Salvador in Brazil.

Ponta Delgada (São Miguel) e Angra do Heroísmo (Terceira) nos Açores, um arquipélago no meio do Atlântico. Outras cidades foram também influenciadas pelo estilo e forma de vida europeia tais como as ilhas africanas de Cabo Verde e de São Tomé e Príncipe, assim como Goa na Índia, Macau na China, e Salvador no Brasil.

Cana de açúcar: o começo do ciclo agrário em São Tomé

Quando os navegadores Pero Escobar e João de Santarém descobriram a ilha de São Tomé no dia 21 de Dezembro de 1471, e a ilha do Príncipe no dia 17 de Janeiro de 1471 (datas aceites), as ilhas não eram habitadas. Devido ao clima tropical, solo fértil, abundante água doce e mais, protegidos pela distância do continente africano (o mar servindo de fosso), era um lugar ideal para cultivar cana de açúcar usando a mão de obra de escravos africanos. Álvaro da Caminha, que estabeleceu a primeira colônia permanente de São Tomé, começou o cultivo de cana de açúcar em 1493. A Ilha do Príncipe recebeu seu nome em honra do Príncipe de Portugal, que recebia as taxas da produção açucareira. O título Príncipe de Portugal era reservado ao herdeiro do trono, que nessa altura era o recém nascido João, que mais tarde seria o Rei D. João III, que subiu ao trono após Manuel I. Cana de açúcar era a primeira fonte financeira da colônia.

A maioria dos primeiros habitantes europeus nas ilhas eram degredados e outros "indesejados" como os judeus, enviados de Portugal. Estes colonos supervisionavam o grande número de escravos vindos do continente africano para trabalhar nas plantações ou roças. Já a meados do século XVI, os colonos portugueses, com os seus escravos negros e mulatos, fizeram das ilhas os maiores exportadores de açúcar em toda a África e um importante posto comercial do tráfico transatlântico de escravos negros.

Alforria dos primeiros escravos

Poucos anos após o início da produção de açúcar, os primeiros escravos trazidos às ilhas foram libertos pela coroa portuguesa. Esta decisão invulgar feita pelo rei D. Manuel I de libertar os escravos—que sem dúvida alguma eram importantíssimos na indústria açucareira que requeria muita mão de obra—ocuparia um papel decisivo na identidade da nação ilhéu, incluindo a sua principal língua crioula e os seus distintos grupos étnicos: Forro, Angolar e Principense.

Sugarcane: the Beginning of the Agricultural Cycle in São Tomé

When the Portuguese explorers Pero Escobar and João de Santarém discovered São Tomé on December 21, 1470, and Príncipe on January 17, 1471 (the commonly accepted dates), the islands were uninhabited. Due to their tropical climate, fertile soil, and abundant fresh water, plus being protected by their distances from the African mainland (the sea acting as moat), it was an ideal place to raise sugarcane, using African slaves as workers. Álvaro da Caminha, who established the first successful settlement of São Tomé, started sugarcane production in 1493. The Island of Príncipe was named after the recently born Prince of Portugal to whom duties were paid on the island's sugar crop. The title Prince of Portugal was given to the heir apparent to the throne, who at the time was John, later to become King John III, who succeeded Manuel I. Sugarcane was the colony's first cash crop.

The majority of the earliest white inhabitants of the islands were male convicts and other "undesirables" such as Jews, sent from Portugal. These residents oversaw the large numbers of black slaves brought over from the mainland of Africa to work the cane fields on various plantations. By the mid-sixteenth century, Portuguese settlers had turned the islands into Africa's foremost exporter of sugar and a major trading post of the transatlantic slave trade.

Manumission of the First Slaves

Not many years after the work of sugar production began, the first slaves taken to the islands were set free by the Portuguese crown. This remarkable decision by King Manuel I to free the slaves—who were certainly needed for the labor-intensive sugar industry—would play an important role in the identity of the island nation, including its principle creole languages and its distinctive ethnic groups: Forro, Angolar, and Principense. Manumission in Portuguese is *alforria*.

> As early as 1515–17, the Portuguese king, Dom Manuel I, gave the slave men and women of the first settlers, and their common children, their freedom, manumitting them by the *Carta de Alforria*; this also freed their mixed-race (*mestiço*) children. *Alforria* is where the name *forro* comes from, used for the majority creoles on São Tomé Island and also the national creole, spoken by some 85% of *Santomense*. This is the source of the *forros*' feeling of superiority, as descendants of free Africans.[6]

Já a partir de 1515-17, o rei português, D. Manuel I, deu liberdade aos escravos e escravas dos primeiros colonos e também às suas crianças em comum, outorgando-lhes alforria através da *Carta de Alforria*; esse decreto também libertou os filhos *mestiços*. Alforria deu origem ao nome *forro*, língua usada pela maioria crioula da Ilha de São Tomé, sendo também o crioulo nacional, falado por uns 85% dos são-tomenses. Esta é a origem dos sentimento de superioridade dos forros, pois descendem de africanos livres.[6]

Rei Amador

Sendo que os primeiros escravos e os filhos mulatos receberam alforria, os traficantes de negros escravos procuraram novos escravos em Angola e Moçambique. Diz-se que um navio negreiro, com escravos de Angola, naufragou próximo da costa sudoeste de São Tomé, facilitando a fuga de alguns escravos que nadaram à praia e estabeleceram sua própria comunidade perto da vila hoje chamada de São João dos Angolares. "Hoje, 90% dos pescadores são angolares, e eles têm sua própria língua e cultura. O que se sabe é que esses escravos fugidos entraram na floresta onde estabeleceram povoações chamadas *macambos*."[7] O líder dos angolares, o Rei Amador e os seus seguidores, desafiaram a autoridade colonial portuguesa durante 11 anos antes de ser capturado e enforcado em 1595. Hoje é celebrado como herói e sua imagem se encontra nas notas de papel moeda *dobra*, a unidade monetária nacional.[8]

Ana de Chaves

No século XVI, ricos senhores de engenho incluíram mulatas livres como Ana de Chaves, Catarina Alves e Simoa Godinho. Mas a mais famosa de todas era Ana de Chaves que nasceu em São Tomé, e que descendia dum senhor judeu que chegou à ilha em 1495. Ela fundou o grande morgado de S. João Baptista e estabeleceu matrimónio com Gonçalo Alves. Ana de Chaves é admirada pela sua inteligência e sua atitude independente num período dominado por homens. Diz-se que dois africanos, vindos duma comunidade de escravos fugidos, apareceram na vila em 1549, reclamando que eram nascidos livres; foram levados à Ana de Chaves que os refugiu. Com sua ajuda, os dois homens enviaram uma petição ao rei de Portugal, pedindo que as autoridades locais não deveriam considerá-los cativos, e sim homens livres; a petição foi aprovada pelo monarca. Ana de Chaves faleceu depois de Novembro de 1594. Hoje, em homenagem à distinta mulher, a baía situada no nordeste de São Tome, traz o nome dela, assim como um pico localizado na ilha de São Tomé.[9]

King Amador

Since the earliest slaves and their mulatto children had been set free, Portuguese slavers turned to Angola and Mozambique to find the needed workers. The story is told of a ship bearing Angolan slaves that was shipwrecked off the southeastern coast of São Tomé, allowing some slaves to swim ashore and to found their own communities around what is today the town of São João dos Angolares. "Today, 90% of the fishermen are Angolares, and they have their own language and culture. What is known is that maroons, or runaway slaves, escaped to the deep rainforest where these *fujões* had formed settlements called *macambos*."[7] The leader of the largest settlement, King Amador, held out for 11 years against Portuguese colonial authority before he was captured and hanged in 1595. Today he is celebrated as a hero and his image is on all *dobra* banknotes, the country's monetary system.[8]

Ana de Chaves

In the sixteenth century, wealthy local planters included free mulatto women like Ana de Chaves, Catarina Alves, and Simoa Godinho. But the most famous of all was Ana de Chaves, who was born in São Tomé and was a descendant of a Jewish man who came to the island in 1495. She established the large Morgado of São João Baptista, a highly profitable estate, and married Gonçalo Alves. Ana de Chaves is admired for her intelligence and her independence of mind in a largely male-dominated era. One story about her concerns two African men from the community of escaped slaves who appeared in town in 1549, claiming they were born free men; they were taken in and given refuge by Ana de Chaves. With her support the two men sent petitions to the king of Portugal, asking that the local authorities not consider them as captives, but as free men, a request that the monarch approved. Ana de Chaves died around November of 1594. Today, the bay situated in the northeast of the city of São Tomé is named for her, as is a mountain peak.[9]

Dutch and French Incursions: End of the Sugar Cycle

Starting in 1599, a Dutch fleet sacked São Tomé; this happened again in 1641 when the Dutch, who had taken Angola from the Portuguese, conquered São Tomé and razed over 70 sugar mills and occupied the island for more than seven years. Starting in 1630 the Dutch had also taken over the northeast of Brazil, whose sugarcane production was superior to that of São Tomé. Sugar

Incursões holandesas e francesas: fim do ciclo de cana de açúcar

Iniciando em 1599, uma frota holandesa atacou e saqueou São Tomé; aconteceu novamente em 1641 quando os holandeses já tinham tomado posse de Angola, conquistaram São Tomé, incendiaram 70 engenho de açúcar e ocuparam a ilha por mais de sete anos. Começando em 1630, Holanda também tinha conquistado o nordeste do Brasil, cuja produção de açúcar era superior a de São Tomé. Portanto o cultivo de cana de açúcar declinou em São Tomé durante o século, e em meados do século XVII, para. As ilhas agora eram usadas primacialmente como pontos de trânsito para os navios negreiros que traficavam entre o Ocidente e o continente africano. A maioria dos senhores de engenho portugueses voltaram a Portugal, deixando os capatazes a supervisão dos escravos; os africanos livres, ou Forros, agora cultivavam milho, mandioca, inhame, legumes, frutas cítricas e cachaça para consumo próprio. Em 1709, São Tomé foi novamente atacado, desta vez, pelos franceses, que estavam interessados em adquirir escravos sem ter que caçá-los.

Séculos XVIII e XIX: roças de café e cacau

No fim do século XVIII e início do século XIX dois novos cultivos foram introduzidos a São Tomé e Príncipe: café e cacau. Quando café foi introduzido em 1787 por João Baptista da Silva (um português do Brasil), e tornou-se evidente que o solo vulcânico nos declives das montanhas era ideal para seu cultivo, uma segunda onda de colonos portugueses começou em São Tomé. Pelo fim do século XIX, grandes senhores de café e cacau (geralmente residindo em Portugal) já tinham expulso os Forros, fazendeiros locais de subsistência, e fundaram grandes plantações ou roças necessitando desbravar grandes áreas da floresta. Diz-se que havia umas 800 roças nas ilhas.

Tipicamente, todas as roças tinham uma casa grande ricamente dotada onde o administrador e sua família moravam em condições relativamente luxuriantes, embora isolados. Depois vinham os escritórios e hospedagens do guarda-livros e os vários assistentes do administrador, seguidos pelo centro infanto-juvenil e escola, o armazém, os secadores, as vezes um hospital, e as sanzalas onde moravam os escravos.

Depois da abolição da escravatura nas colónias portuguesas em 1869, os portugueses contrataram mão de obra de Angola, Moçambique e Cabo Verde, que enriqueceu a diversidade étnica e linguística das ilhas. Os contratados, ou serviçais, eram abusados e tratados como escravos, causando muito

cultivation thus declined in São Tomé over the next century, and by the mid-seventeenth century, was all but dead. The islands now became primarily a transit point for ships engaged in the slave trade between the West and continental Africa. Most of the Portuguese sugar barons returned to Portugal, leaving only the overseers of the slaves; the local free African residents, or Forros, now cultivated corn, manioc, yams, vegetables, citrus fruit, and sugarcane spirits for their own consumption. In 1709, São Tomé was again attacked, this time by the French, who were interested in acquiring slaves without having to hunt them down.

Eighteenth and Nineteenth Centuries: Coffee and Cocoa Plantations

In the late eighteenth and early nineteenth centuries two new cash crops were introduced to São Tomé and Príncipe: coffee and cocoa. When coffee was introduced in 1787 by João Baptista da Silva (a Portuguese from Brazil), and it was shown that the volcanic soil of the mountain slopes were ideal for its cultivation, the second wave of Portuguese colonization began in São Tomé. By the end of the nineteenth century, coffee and cocoa barons (usually absentee landlords living in Portugal) had displaced most of the local subsistence Forro farmers and created large plantations by clearing much of the land. As many as eight hundred plantations dotted the islands.

Typically, all the plantations had a richly furnished big house where the administrator and his family lived in relative luxury and in great isolation. Next came the offices and quarters for the bookkeeper and various staff administrators, followed by the nursery and school, the tool sheds, the drying troughs, and sometimes a hospital, plus the slave quarters called *sanzalas*.

After the abolition of slavery in the Portuguese colonies in 1869, the Portuguese contracted workers from Angola, Mozambique, and Cape Verde, which added to the richness of the ethnic and linguistic diversity of the islands. These contract workers, or *serviçais,* were most often treated and abused like slaves, causing much suffering, and little or no profit to the workers, who depended on the plantation for their food and other necessities.

Short-line railroads were built to transfer both coffee and cocoa beans from the plantations to the quays along the shoreline, where ships would then transport them to Portugal. Coffee in São Tomé never became a major world player; but São Tomé became the world's largest producer of cocoa, which remains the nation's most important crop to this day.

sofrimento e pouco ou nenhum proveito aos trabalhadores, que dependiam das roças para sua comida e sustento.

Pequenas estradas de ferro foram construídas para o transporte de sacos de café e de cacau entre as roças e os cais na orilha do mar, de onde os navios então os transportavam a Portugal. O café nunca chegou a ser grande negócio mundialmente falando; mas São Tomé e Príncipe chegou a ser o maior produtor de cacau no mundo, e ainda hoje é o mais importante produto do país.

Quando chegou a independência a São Tomé e Príncipe, os colonos portugueses deixaram a ilha temendo represálias, o que também ocorreu em todas as colónias, levando consigo a capacidade de manter as plantações. Como resultado os prédios deterioraram ao ponto que alguns já estão em ruínas, e a floresta está se apoderando da terra novamente.

Século XX

A monarquia portuguesa caiu em 1910, e um governo republicano foi instalado. Este governo democrático introduziu reformas liberais e quis dar maior autonomia às colónias africanas. Mas a república não durou muito tempo e em 1926 um golpe militar instalou uma ditadura que logo veio sob o controlo de António de Oliveira Salazar, professor de economia na Universidade de Coimbra. Quando ele tomou todo o poder como primeiro ministro em 1932, introduziu o que chamou o Estado Novo de Portugal. Disse que as colónias faziam parte integral de Portugal e portanto não se podendo tornar independentes. Em 1951 ele mudou o nome de colónias a "províncias d'além mar" e encorajou a imigração portuguesa a África. Em 1953 o massacre de Batepá ocorreu, que foi a resposta do governo ao que achava ser uma revolta em São Tomé. Em verdade, os protestos tinham sido contra o trabalho forçado nas roças, e não o desejo de separar-se de Portugal; mas a tragédia logo se tornou uma grande força motivadora de se tornarem independentes.

Em 1960, foi fundado o CLSTP (Comité de Libertação de São Tomé e Príncipe), que foi o precursor do MLSTP (Movimento de Libertação de São Tomé), este sendo a entidade reconhecida pelas Nações Unidas e pela Organização da União Africana. O movimento para a independência na nação era coordenada nessa altura pelo líder Miguel Tovoada, que vivia no exílio (e que depois se tornaria o segundo presidente da nação), enquanto que Manuel Pinto da Costa (que se tornaria o primeiro presidente da nação) prosseguia com os seus estudos para o doutoramento na Alemanha.

When independence came to São Tomé and Príncipe, the Portuguese residents left in fear of reprisals as they did from all their former colonies, taking with them the ability to run the plantations. As a result the buildings have deteriorated to the point of ruin in some cases, and the forest is rapidly reclaiming the land.

Twentieth Century

The Portuguese monarchy was toppled in 1910, and a republican government was installed. It introduced liberal reforms and leaned in favor of granting greater autonomy to Portugal's African colonies. But the republic was short-lived, and in 1926 a military coup installed a dictatorship that was soon under the control of António de Oliveira Salazar, a professor of economics at the University of Coimbra. When he came to full power as prime minister in 1932, he introduced what he called the Estado Novo (New State) of Portugal. He said the colonies were an integral part of Portugal and therefore could not become independent. In 1951 he substituted the name "overseas province" for colony, and continued to encourage Portuguese immigration to Africa. In 1953 the massacre of Batepá occurred, which was the government's response to what they thought was a revolutionary uprising in São Tomé. In fact, the protests had been against forced labor on the plantations, and not for a desire to separate themselves from Portugal; but the tragedy soon became a rallying cry for independence.

In 1960, the CLSTP (Comité de Libertação de São Tomé and Príncipe) was founded, which was the forerunner of the MLSTP (Movimento de Libertação de São Tomé and Príncipe), the latter being the entity recognized by the United Nations and by the Organization of African Unity. The country's independence movement was being coordinated at that time by exiled leader Miguel Tovoada (who would later become the second president of the country), while Manuel Pinto da Costa (who would become the country's first president) was pursuing his doctoral degree in Germany.

An interesting sidelight involves Mário Soares, the socialist opposition leader in Portugal and a central figure in Portuguese political history. In 1968, Soares was exiled to São Tomé for several months without his family, where he was placed under house arrest and was watched over by the PIDE, Portugal's secret police. After the overthrow of the government, Mário Soares became prime minister twice (1976–1978 and 1983–1985) and then elected president in Portugal's new democracy, serving from 1986 to 1996.

Como informação suplementar, Mário Soares, o líder socialista da oposição em Portugal, e uma figura central na história política de Portugal, foi exilado em São Tomé em 1968 durante alguns meses sem a sua família, onde foi colocado em prisão domiciliária e vigilado pela PIDE, a polícia secreta de Portugal. Após a queda do governo, Mário Soares tornou-se primeiro ministro duas vezes (1976-1978 e 1983-1985) e depois eleito presidente da nova democracia de Portugal, servindo de 1986 a 1996.

Alda do Espírito Santo e a luta pela independência

Uma política importante que o governo ditatorial de Salazar instituiu era a de oferecer oportunidades de estudos universitários em Portugal aos estudantes mais capazes das províncias d'além mar. Alguns desses estudantes eram de São Tomé e Príncipe.

Alda Graça do Espírito Santo, a grande dama de literatura e política de São Tomé e Príncipe, deixou São Tomé como estudante e viajou a Lisboa para os seus estudos universitários, onde se formou em magistério primário. Aí conheceu vários outros estudantes da Casa dos Estudantes do Império, organização patrocinada pelo governo que publicava a revista *Mensagem*, na qual muitos poetas foram inicialmente publicados.[10] A Casa providenciava um refeitório e ajuda médica; também patrocinava conferências e uma variedade de atividades culturais, desportivos e sociais. Entre os estudantes com quem Alda criou um convívio especial eram os poetas Amílcar Cabral e Agostinho Neto, que se tornariam líderes dos movimentos pela independência dos seus respectivos países de Guiné-Bissau e Angola. Devido à sua atividade política, foi levada para o estabelecimento prisional de Caxias em 1965. Após a conquista da independência em 1975, Alda do Espírito Santo desempenhou o cargo de Ministra da Educação e Cultura e teve a honra de escrever o hino nacional de São Tomé e Príncipe.

Independência

Quando Marcello Caetano substituiu a Salazar na liderança do governo de Portugal em Setembro de 1968, Pinto da Costa, recém formado com seu doutoramento em economia de Berlim Oriental, foi eleito secretário geral da MLSTP. Quando a independência foi atingida no dia 12 de Julho de 1975, Manuel Pinto da Costa foi eleito o primeiro presidente de São Tomé e Príncipe, com Miguel Tovoada como primeiro ministro.

O país começou como estado de um partido só, governado pelo partido de libertação MLSTP. Mas em 1990, São Tomé e Príncipe tornou-se uma

Alda do Espírito Santo and the Struggle for Independence

One important policy the dictatorial government of Salazar instituted was higher education opportunities for the brightest students from throughout the overseas provinces at universities in Portugal. Some of these students came from São Tomé and Príncipe.

Alda do Espírito Santo, the grand dame of literature and politics of São Tomé and Príncipe, had left São Tomé as a young adult and had gone to Lisbon for her university studies, where she graduated in childhood education. There she met several other students at the *Casa dos Estudantes do Império,* Home of the Students of the Empire, a government-sponsored organization that published a journal named *Mensagem,* in which many poets were first published.[10] The *Casa* also provided a cafeteria and medical care, held conferences and sponsored a variety of cultural, sporting, and social events. Among the students with whom she hobnobbed were poets Amilcar Cabral and Agostinho Neto, both of whom would play decisive roles as leaders of the independence movements of their respective countries of Guinea-Bissau and Angola. Alda participated actively in the movement and was arrested and jailed for a short time in Caxias in 1965. When independence was achieved in 1975, Alda do Espírito Santo served as the first Minister of Education and Culture and had the honor of writing São Tomé and Príncipe's national anthem.

Independence

When Marcello Caetano replaced Salazar as the head of the Portuguese government in September 1968, Pinto da Costa, freshly returned from East Berlin with a Ph.D. in economics, was elected general secretary of the MLSTP. When independence was achieved on July 12, 1975, Manuel Pinto da Costa became the first president of São Tomé and Príncipe, with Miguel Tovoada as its first prime minister.

The country began as a one-party state, governed by the liberation party MLSTP. But in 1990, São Tomé and Príncipe became a multi-party democracy, one of the first countries in Africa to do so. The road to a stable democratic government, however, has been slow. The first two leaders, who had begun as allies, ended up as opponents in two different political camps. There have been coups and several corruption scandals involving both men and women serving in the government. After a presidential absence of two decades, Pinto da Costa ran for president again in 2011, this time winning as an independent.

democracia multipartidária, um dos primeiros em toda a África. O caminho para um governo democrático estável, porém, tem seguido lentamente. Os primeiros dois líderes, que começaram como aliados, acabaram em campos politicamente opostos. Tem havido golpes de estado e vários escândalos de corrupção envolvendo homens e mulheres servindo no governo. Depois de uma ausência presidencial de duas décadas, Pinto da Costa novamente se candidatou à presidência em 2011, e desta vez ganhou como independente.

São Tomé e Príncipe possui muito para o recomendar. O povo é inteligente, amigável e são amantes da paz. O clima é tropical e sua vegetação luxuriante é um sonho para os botânicos, biólogos e ornitologistas. Sua flora variegada, quando unida com suas praias prístinas, é também um paraíso para o pescador e o turista; não é de surpreender que o turismo está se tornando uma indústria importante. Em 2001, São Tomé e a Nigéria chegaram a um acordo de parceria para a exploração de petróleo nas águas que ambos países reivindicam. Existe uma boa expectativa que o petróleo se tornará um pilar económico importante, juntamente com cacau e outros produtos agrícolas.

Embora um país pequeno, São Tomé e Príncipe tem produzido muito mais escritores dotados de qualidade excepcional do que seria de esperar de um país de tão reduzido tamanho, dois dos quais, Almada Negreiros e Francisco José Tenreiro, são altamente respeitados no cânone de literatura do século XX de Portugal também.

Notas

1. Donald Burness, "Literary Responses to the Massacre of 1953", capítulo do seu livro *Ossobó, Essays on The Literature of São Tomé and Príncipe* (Trenton, NJ: Africa World Press, 2005), 31–67.

2. Introdução de Rebecca D. Catz, "Portugal sob Manuel I e João III," em a *Peregrinação de Fernão Mendes Pinto,* editado e traduzido por Rebecca D. Catz (Chicago e Londres: The University of Chicago Press, 1989), xxi.

3. Charles R. Boxer, *The Portuguese Sea-Borne Empire: 1415–1825* (New York: Alfred A. Knopf, 1969), apresenta uma visão panorâmica das conquistas de Portugal durante a Época dos Descobrimentos e as suas perdas territoriais a favor da Espanha, Holanda, França e Grão Bretanha, a partir do século XVII.

4. Do prefácio de Edgar Prestage em *Portuguese Voyages 1498–1663* organizado por Charles David Ley (Londres e Nova Iorque: J. M. Dent & Sons e E. P. Dutton & Co., 1947), v.

São Tomé has much to recommend it. The people are intelligent, friendly, and peace loving. The climate is tropical, and its lush vegetation is a dream for botanist, biologists, and ornithologists. This variegated flora, when coupled with its pristine beaches, is also a fisherman's and a tourist's paradise; not surprisingly tourism is becoming an important industry. In 2001, São Tomé and Nigeria reached agreement on joint exploration for petroleum in waters claimed by the two countries. There is a good chance that petroleum will become an important economic staple, along with cocoa and other agricultural products.

Although a small country, São Tomé and Príncipe has a disproportionally high number of excellent poets, two of whom, Almada Negreiros and Francisco José Tenreiro, are highly regarded in the Portuguese canon of twentieth-century literature as well.

Notes

1. Donald Burness's chapter entitled "Literary Responses to the Massacre of 1953" in his book *Ossobó, Essays on The Literature of São Tomé and Príncipe* (Trenton, NJ: Africa World Press, 2005), 31–67.

2. From the introduction by Rebecca D. Catz, "Portugal under Manuel I and John III," in *The Travels of Mendes Pinto*, edited and translated by Rebecca D. Catz (Chicago and London: The University of Chicago Press, 1989), xxi.

3. Charles R. Boxer, *The Portuguese Sea-Borne Empire: 1415–1825* (New York: Alfred A. Knopf, 1969), outlines Portugal's conquests during the Age of Discovery and her subsequent losses to Spain, Holland, France, and Great Britain, beginning in the seventeenth century.

4. From the foreword by Edgar Prestage in *Portuguese Voyages 1498–1663*, ed. Charles David Ley (London and New York: J. M. Dent & Sons and E. P. Dutton & Co., 1947), v.

5. Charles R. Boxer, *Four Centuries of Portuguese Expansion, 1415–1825: A Succinct Survey* (Berkeley and Los Angeles: University Press, 1972), 18.

6. Kathleen Becker, *São Tomé & Príncipe*, 2d edition, Bradt Travel Guides, electronic version of the US print edition published at Guilford, Connecticut by The Globe Pequot Press, 2014, 16. See also Donald Burness's chapter entitled "Fernando de Macedo and the Angolares" in *Ossobó, Essays on The Literature of São Tomé and Príncipe*, 5–7.

7. Becker, *São Tomé & Príncipe*, 16–17.

8. Carlos Espírito Santo, *Enciclopédia Fundamental de São Tomé e Príncipe* (Lisboa: Cooperação, 2001), 45–46, 177–78.

5. Charles R. Boxer, *Four Centuries of Portuguese Expansion, 1415-1825: A Succinct Survey* (Berkeley e Los Angeles: University Press, 1972), 18.

6. Kathleen Becker, *São Tomé & Príncipe*, 2ª edição, Bradt Travel Guides Ltd., versão electrônica da edição americana publicada em Guilford, Connecticut por The Globe Pequot Press Inc, 2014, 16. Ver também de Donald Burness, o capítulo intitulado "Fernando de Macedo and the Angolares" no *Ossobó, Essays on The Literature of São Tomé and Príncipe*, 5-7.

7. Becker, *São Tomé & Príncipe*, 16-17.

8. Carlos Espírito Santo, *Enciclopédia Fundamental de São Tomé e Príncipe* (Lisboa: Cooperação, 2001), 45-46; 177-178.

9. Santo, *Enciclopédia Fundamental de São Tomé e Príncipe*, 143-44.

10. Inocência Mata, *Diálogo com as Ilhas, Sobre Cultura e Literatura de São Tomé e Príncipe* (Lisboa: Edições Colibri, 1998), 54-55.

9. Santo, *Enciclopédia Fundamental de São Tomé e Príncipe,* 143–44.
10. Inocência Mata, *Diálogo com as Ilhas, Sobre Cultura e Literatura de São Tomé e Príncipe* (Lisboa: Edições Colibri, 1998), 54–55.

Nineteenth Century

Século XIX

Francisco Stockler
(1839–1884)

Pouca informação sobre Francisco Pinto Garção Stockler sobreviveu. Quase tudo o que se conhece dele, e o pouco que sobreviveu de sua poesia, veio das pesquisas feitas por seu conterrâneo, José de Almada Negreiros (também poeta), para seu estudo *História e etnografia da ilha de S. Tomé*, 1895. Aparentemente Stockler era de pura ascendência africana; viajou a Portugal ainda jovem e lá concluiu o curso dos liceus e frequentou a Escola Politécnica em Lisboa. Depois de formado foi nomeado professor público e tomou posse desse cargo em São Tomé.

Como a maioria das pessoas em São Tomé e Príncipe, Stockler era bilingue; falava e escrevia em Português e em crioulo, nomeadamente *forro*, o crioulo mais falado na ilha. Os poemas em *forro*, com sua tradução em português nesta antologia, vem do livro de Almada Negreiros, como aparecem *No Reino de Caliban II* de Manuel Ferreira. Ao que parece, Stockler foi o primeiro poeta a publicar poesia num crioulo são-tomense. Morreu no dia 21 de Janeiro de 1884.

Francisco Stockler
(1839–1884)

Few details of Francisco Pinto Garção Stockler have been preserved. Almost all the information we have on him, and the little that has survived of his poetry, came from the research done by his fellow-countryman, José Almada Negreiros (himself a poet), for his study *História e etnografia da ilha de S. Tomé* (History and Ethnography of the Island of S. Tomé), 1895. Stockler was apparently of pure African descent; he traveled to Portugal while still a young man and there concluded his high school education and attended the Polytechnic School in Lisbon. After graduating he was named a teacher in the public school system and he took his post in São Tomé.

As with the majority of people in São Tomé, Stockler was bilingual; he spoke and wrote in Portuguese and in creole, specifically *forro,* the most widely spoken creole of the island. The poems written in *forro,* together with their translations into Portuguese in this anthology, come from the book by Almada Negreiros, as found in Manuel Ferreira's *No Reino de Caliban II.* It would seem that Stockler was the first poet to publish poetry in a creole from São Tomé. He died January 21, 1884.

Sun Fâchicu Estoclê

Sun Fâchicu Estoclê
Tóma cádjá fé lóça d'ê
Chimiá báná, chimiá cáfè,
Fotchi só cu çá di pádêcê.

Senhor Francisco Stockler

O senhor Francisco Stockler
Fez da cadeia a sua roça
Semeou banana, semeou café,
Mas só é rico em padecimentos.

Mister Francisco Stockler

Mister Francisco Stockler
Made of his jailhouse a plantation
He sowed coffee, he sowed bananas,
But he's only rich in consternation.

Pló castigu culpa mun

Pló castigu culpa mun
Basta vida c'un cá nê:
Cu cujau sê fôgû nê:
Cu gibêla sem vintê!

Mundu dá bálançu
Tudu quá bilá vóta:
Chiném bilá bóta
Lôçu culá cançu.

Para castigar as minha culpas

Para castigar as minha culpas
Vivo bem atrapalhado:
Em casa o fogo apagado:
E os bolsos sem um vintém!

O mundo anda em balanço
Pois a tudo deu já volta:
Tornou-se o chinelo em bota
Com arroz se cura o cansaço.

As Punishment for My Guilty Sins

As punishment for my sins and guilt
My life's a mess, it's such a crime:
At home the fire's gone out I built:
Inside my pocket not one dime!

The world is balanced cute and brute
And what goes 'round will come around:
The slipper turns into a boot
And rice cures any tiredness found.

Dêssu mun, valê mun, Sun!

Dêssu mun, valê mun, Sun!
Mócum stáva, piá mun çá!
Mócum çá... piá mun bilá!
M'un bilá, piá mun chigá!

Ch'in bá meza, fómi nhô;
Ch'in pácha 'ngá vangána:
N'gá bêbê ê cá da'nsácá
Déssu mun, valê mun, Sun!

Ch'in bá cama, sônô nhô;
Ch'in cantá, ê cá fê sóltá;
Ch'in solá, ê cá fê glitá,
Mócum stáva, piá mun çá!

Ch'in mundjá, ê cá fê táçôn;
Ch'in táçon ê cá fê mundjá;
Eh! cá pêna! Macundjá!*
Mócum çá, piá mun bilá!

Cábêlu bilá blancu áchi;
Béba mun classe pássá;
Claçon fônoô, gibón suzu;
Mun bilá, piá cu'n chigá!

Quá mandá bô scá fugi mun?
Quá mandá bô bá condê?
Chi bô fê áchi pa'n quécê,
Çá máchi cu'n scá lemblá bô.

Deus meu, valei-me, Senhor!

Deus meu, valei-me, Senhor!
O que eu era e o que eu sou!
Como estava... e como estou!
Deus meu, valei-me, Senhor!

Vou p'ra mesa, fome Senhor;
Quando ando cambaleio:
Se bebo logo nauseio
Deus meu, valei-me, Senhor!

Vou para a cama, sono Senhor;
Quando canto, começo a chorar;
Se choro, desato a gritar,
Como estava, e como estou!

De pé, quero estar sentado;
Sentado, sinto-me mal;
Eh! a dor! planta Macundjá infernal!
Meu Deus, vede o meu estado!

O cabelo virou branco;
A barba cresceu, cresceu;
Calças rotas, casaco sujo;
O que eu era e o que eu sou!

Quem a mandou fugir de mim?
Quem a mandou esconder?
Se o faz para que eu a esqueça,
Mais me lembrarei de você.

Macundjá: De acordo com Manuel Ferreira *No Reino de Caliban II*, página 484, é uma planta que dá uma espécie de fava peluda, que produz em contacto com o corpo, uma forte comichão.

My God, oh Succor Me, My Lord

My God, oh succor me, my Lord!
See what I was and what I am!
See how I was . . . and how I am!
My God, oh succor me, my Lord!

I sit at table, hungry Lord;
I try to walk, but stagger and reel:
And should I drink I nauseous feel
My God, oh succor me, my Lord!

I go to bed, no sleep my Lord;
And when I sing, I start to sigh;
And when I sigh I shout and cry,
See how I was, and am now, Lord!

And if I stand, I want to sit;
But when I sit, I then feel sick;
Like Macundjá,* an itching tick!
My life, what's happening to it!

My hair turned white, white like a lamb;
My beard has grown much like a goat;
My pants are torn, soiled is my coat;
Oh, what I was and what I am!

Who told you you should flee from me?
Who told you you must hide away?
If you thought I'd forget this way,
You're wrong, I'll love you more, you see.

Macundjá: According to Manuel Ferreira in *No Reino de Caliban II*, page 484, it is a plant that produces a hairy seed that causes a strong itch when it comes in contact with the body.

Francisco Stockler

Ch'in glává bô, quécê glávu,
Pódá póbi pêcadô,
Piá nôn Santu slávadô
Póda San Pêdu cu nêga Sun.

Machi boá Dêssu mátá mun
Dô qui pêna cu'n cá nê . . .
Cu'n fê bô, quá cu nôn tê,
Quá bandá bô scá fugiu mun?

Melhó, 'ngá mólê ua vê
Dô qui ólá cu'n plendê bô!
Quá bô tê nô mê d'óbó?
Quá mandá bó bá côndê?

Máchi bô lentlá n'óbó;
Máchi cu bô scá fugi mun;
Máchi cu bô scá puni mun;
Çá máchi qu'n scá lemblá bô . . .

Se a ofendi, aqui estou,
Perdoe ao pobre pecador,
Veja o exemplo do nosso Santo salvador
Que perdoou São Pedro de negar o Senhor.

Será melhor Deus matar-me
Do que viver a penar . . .
Se fiz mal só por amá-la,
Quem a mandou fugir de mim?

É melhor matar-me, sei morrer
Por minhas culpas sem dó!
Quem te disse que fuja pró óbó?*
Quem te mandou esconder?

Quem te mandou pró óbó;
Quem te mandou fugir de mim;
Se é para que esqueça de mim;
Mais me lembrarei de si . . .

Obo: nome da floresta no interior da Ilha de São Tomé, hoje Parque Natural d'Obo.

If my offense towards you was grave,
Oh, please forgive my sins, I pray,
Recall the Holy Savior's way
Peter denied, Jesus forgave.

It's best that God should now kill me
Than live like this in constant pain . . .
If loving you was wrong, a bane
Who told you you must flee from me?

It's best I die, and death I know
For all my guilty sins below!
Who told you, flee to the Obó?*
Who told you you must hide just so?

Who told you, flee to the Obó;
Who told you you should flee from me;
If it was for forgetting me;
I'll think of you much more, you'll see . . .

Obo: the name of the dense forest in the interior of the Island of São Tomé, today a National Park.

Costa Alegre
(1864–1890)

Caetano da Costa Alegre nasceu em São Tomé no dia 26 de Abril de 1864, e morreu no dia 18 de Abril de 1890, em Alcobaça, Portugal de tuberculose com a idade de vinte e seis. Seus pais eram da elite negra africana da ilha, o que lhe proporcionou muitas vantagens ao jovem Costa Alegre, incluindo a oportunidade de estudar medicina em Lisboa, em preparação para uma carreira naval como médico. Partiu de São Tomé a Portugal em 1883 aos dez e nove anos de idade; lá completou os estudos secundários e em 1887, entrou no Colégio de Medicina de Lisboa.

Costa Alegre era um homem grande com feições atraentes e uma disposição jovial. Junto com sua boa aparência, foi abençoado com um intelecto superior, sagacidade e uma facilidade para escrever versos. Ele projetava confiança mesmo entre os ricos e poderosos membros brancos da sociedade lisboeta.

Caetano da Costa Alegre é reconhecido como um dos primeiros poetas de ascendência africana a escrever em português. Seus temas refletem sua curiosidade juvenil, e incluem tópicos como amor romântico (para com mulheres negras e brancas), cadáveres (sem dúvida, uma função de seus estudos médicos) e raça. Embora Costa Alegre é muitas vezes auto deprecativo em relação à sua cor, é menos um caso de condenação dos preconceitos da sociedade branca e seu mau tratamento dos africanos, e mais uma profunda dor pela sua raça. Muitas vezes usa humor para transmitir suas ideias e sentimentos, mas também pode se expressar seriamente, e até sombriamente. Escreveu sua poesia usando formas fixas como sonetos e outros versos com rima e metrificação consistentes. Após sua morte, um amigo jornalista, Cruz de Magalhães, decidiu colher e publicar a poesia de Costa Alegre num volume póstumo intitulado *Versos* (1916).

Costa Alegre
(1864–1890)

Caetano da Costa Alegre was born in São Tomé on April 26, 1864, and died in Alcobaça, Portugal, on April 18, 1890, of tuberculosis at the young age of twenty-six. His parents were members of the Black African elite on the island, which afforded young Costa Alegre many advantages, including the opportunity to study medicine in Lisbon, in preparation for a naval career as a doctor. He left São Tomé for Portugal in 1883 at age nineteen; there he completed high school and in 1887, enrolled in the College of Medicine in Lisbon.

Costa Alegre was a large man with attractive features and a jovial disposition. Coupled with his good looks, he was blessed with a superior intellect, a quick wit, and a facility for writing verse. He exuded confidence even among the rich and powerful members of Lisbon's white society.

Caetano da Costa Alegre is regarded as one of the first poets of African heritage to write in Portuguese. The themes of his poetry reflect his youthful and curious mind, and include such topics as romantic love (towards both black and white women), cadavers (a function, no doubt, of his medical studies), and race. Although Costa Alegre is often self-deprecating about his color, it is less a condemnation of the white man's prejudice and mistreatment of Africans, and more a deeply held sorrow for his race. He often uses humor to convey his thoughts and feelings, but he can also be serious, even somber. He wrote in fixed forms such as sonnets, and in other verse forms using a consistent meter and rhyme. A journalist friend, Cruz de Magalhães, took it upon himself to collect and arrange for Costa Alegre's verses to be published posthumously in a single volume entitled *Versos* (1916).

Júlia e Maria

Maria era bonita e tão airosa
Como outra não havia em toda a aldeia,
E Júlia, sua irmã, era tão feia
Que nem parecia irmã daquela rosa.

Ambas, tal como a chama que incendeia,
Tinham por mim uma paixão fogosa;
Casar comigo lhes passou na ideia,
Falou-me nisso um dia a mais formosa.

E eu respondi-lhe, bela camponesa.
És gentil, mas quem busca só beleza,
Sujeita-se a correr bastantes perigos;

Tua proposta, desde já recuso,
Caso com Júlia, porque assim escuso
De andar em guarda contra os meus amigos.

Julia and Mary

Ah, Mary's lovely, for the eyes a feast
There's no one with her beauty in the land,
But Julia, her own sister, is quite bland
She isn't like her sister in the least.

Both girls, just like two flames that brightly burn,
Were carrying a torch for me they'd fired;
To marry me was what they both desired,
So both of them proposed to me in turn.

The lovely one I answered first, 'twas duty.
You're gorgeous, but who seeks only for beauty,
Will place himself in danger all his life;

Your offer's not accepted, pulchritude,
I'll marry Julia, and will thus preclude
The task of keeping friends far from my wife.

Maria

És alva e fria,
Anjo mimoso,
Tal como um dia
Triste, invernoso!

Eu bem podia
Calor fogoso,
Que te aquecia,
Dar-te amoroso.

Mas tu não queres!...
(Como as mulheres
Teimosas são!)

Sofres o frio,
E de arrepio!
Tendo carvão!...

Mary

You're cold and white,
My angel dear,
Like winter's night
Sad, bleak, austere!

I offer you
My warmth, my fire,
They'll soon renew,
The love desire.

But you don't care! . . .
(Oh, women fair
Of stubborn soul!)

The cold why take,
And shivers make!
If you have coal! . . .

Experiência

Ai! Cada dor contém uma lição!
    Cada ilusão perdida,
Mais uma experiência adquirida
    Arquiva o coração.
Nas mágoas aprendi muita verdade:
Nem sempre a desventura é desventura
Nem sempre a felicidade é felicidade,
Nem sempre o dia é claro e a noite escura!

Experience

Ah! Every pain brings lessons in some way!
    And each illusion lost,
Provides us with experiences we've crossed
    That hearts soon file away.
Each sorrow taught me truths of usefulness:
Misfortune's not misfortune if it's right
And happiness 'taint always happiness,
Plus days aren't always bright nor dark the night!

Soneto

Improvisado ante o cadáver duma virgem
na sala das dissecções do Hospital de São José

Deitada ali, naquela pedra fria,
Sem vestes, nua, triste criatura!...
E que misto de graça e de candura
Nesse cadáver alvo como o dia!

Nua!... ela que estava virgem, pura!
Flor da miséria honesta, ah! quem diria
Que o nosso olhar de profanar havia,
Tão pudibunda e rara formosura?!

Olhai, os seus cabelos fartos, loiros,
Aos olhos sem respeito, esses tesoiros
Tentam furtar a derradeira vez.

E, flor, nós vamos retalhar-te agora,
Enquanto neste instante por ti chora,
De saudades a tua mãe, talvez!...

      22 de Novembro de 1888

Sonnet

Improvised before the cadaver of a maiden
in the dissecting room of Saint Joseph Hospital

She lays there, on that marble slab, this one
Sad creature with no clothes, no life, no sense! . . .
A poignant sight, mixed grave and innocence
This young cadaver white as noonday sun!

She's naked! . . who was virginal and pure!
An honest flower, but poor; who knew! my stare
Would, thus exposed, profane such beauty rare,
She who in life was modest, calm, and sure?!

Behold her thick blond hair, which bounced before,
That treasure which our prying eyes, once more
Attempt to steal with one last furtive glance.

We'll now dissect your body, which was true,
While someone dear is crying over you,
Perhaps your mother mourns, there is a chance! . . .

                    22 November 1888

Eu e os passeantes

Passa uma inglesa,
E logo acode,
Toda surpresa:
What black my God!

Se é espanhola,
A que me viu,
Diz como rola:
Que alto, Dios mio!

E, se é francesa:
Ó quel beau negre!
Rindo para mim.

Se é portuguesa,
Ó Costa Alegre!
Tens um Atchim!

I and Those Who Pass By

An English girl strolls past,
And quickly says to me,
Surprised and all aghast:
How black, my God, are ye!

If it's a Spanish lass,
Who sees me standing there,
She'll say, a little crass:
Que alto Dios mio! And stare.

And, if she's French, she'll bray:
Ó quell beau negre! And smile
And start to laugh at me.

If Portuguese, she'll say,
Oh Costa it's been a while!
You're such a busy bee!

Delmirita

(fragmento em quadras)

No dia em que me roubaram
Meu pai ia para a guerra;
Nos braços do meu amado
Eu fugi da minha terra.

Meu pai decerto está morto,
Minha mãe morreu de dor;
Levou-me a família toda
Este meu funesto amor...

E, meu Deus, que triste sina!
Que desgraçada que eu sou!
Os meus Pais por mim morreram;
Meu amante me deixou.

Órfã triste, abandonada,
No mundo, que farei eu?...
Corpo, porque vives tanto,
Se a tua alma já morreu?...

Delmirita

(fragment in quatrains)

The very day that I was kidnapped
Was when my father went to war;
And in the arms of my young lover
I fled the land that I adore.

I'm sure my father has been killed,
From sorrow, mother's passed away;
The family that I loved so dear
My tragic love destroyed this way . . .

And, oh my God, oh what sad fate!
I'm miserable as I can be!
Because of me my Parents died;
And now my lover's gone from me.

Sad orphan girl, abandoned now,
Oh world, what can I do, I cried? . . .
My body, how are you alive,
Since spirit has already died? . . .

Aurora

Tu tens horror de mim, bem sei, Aurora,
Tu és o dia, eu sou a noite espessa,
Onde eu acabo é que o teu ser começa.
Não amas!... flor, que esta minha alma adora.

És a luz, eu a sombra pavorosa,
Eu sou a tua antítese frisante,
Mas não estranhes que te aspire formosa,
Do carvão sai o brilho do diamante.

Olha que esta paixão cruel, ardente,
Na resistência cresce, qual torrente;
É a paixão fatal que vem da sorte,

É a paixão selvática da fera,
É a paixão do peito da pantera,
Que me obriga a dizer-te "amor ou morte"!

Aurora

Aurora, I know you're horrified by me,
You are the day, and I am darkest night,
And where I end that's where your soul takes flight.
You do not love! . . . I love you desperately.

You're light, and I'm the shadow, frightful, moody,
I'm your antithesis in every way,
Be not surprised that I aspire your beauty,
From carbon shines the diamond bright as day.

Beware, my ardent passion's cruel as fire,
Resistance makes it grow, font of desire;
It's fatalistic passion's lucky breath,

It's beastly jungle passion, raw, undressed,
It's passion beating in the panther's breast,
That forces me to say "it's love or death!"

A negra

Negra gentil, carvão mimoso e lindo
    Donde o diamante sai,
Filha do sol, estrela requeimada,
    Pelo calor do Pai,

Encosta o rosto, cândido e formoso,
    Aqui no peito meu,
Dorme donzela, rola abandonada,
    Porque te velo eu.

Não chores mais, criança, enxuga o pranto,
    Sorri-te para mim,
Deixa-me ver as pérolas brilhantes,
    Os dentes de marfim.

No teu divino seio existe oculta
    Mal sabes quanta luz,
Que absorve a tua escurecida pele,
    Que tanto me seduz.

Eu gosto de te ver a negra e meiga
    E acetinada cor,
Porque me lembro, ó Pomba, que és queimada
    Pelas chamas do amor;

Que outrora foste neve e amaste um lírio,
    Pálida flor do vale,
Fugiu-te o lírio: um triste amor queimou-te
    O seio virginal.

Não chores mais, criança, a quem eu amo,
    Ó lindo querubim,
O amor é como a rosa, porque vive
    No campo, ou no jardim.

The Black Girl

Oh, black girl warm and graceful, lovely carbon
    Where diamonds form with stress,
A daughter of the sun, a burning star,
    Through Father's warm caress,

Com press your soft and lovely youthful cheek,
    Against my sturdy breast,
And go to sleep young maid, abandoned dove,
    I'll keep watch while you rest.

Stop crying, child, it's time to dry your tears,
    And give a smile to me,
I'd like to see your bright and pearly whites,
    Those teeth of ivory.

Within your breast divine, hidden away
    Is light that draws and charms me,
It overwhelms your dusky-colored skin,
    Seduces and disarms me.

I like to gaze upon your soft black skin
    My silky-colored Dove,
For I recall, oh turtledove, your burns
    Came from the flames of love;

Now you were once like snow and loved a lily,
    A pale-faced valley flower,
The lily fled: a sad love tale then burned
    Your virgin breast that hour.

Stop crying child, for it is you I love,
    Oh lovely cherub face,
True love is like the rose that grows wherever
    In gardens, fields, this place.

Tu tens o meu amor ardentes, e basta
    Para seres feliz;
Ama a violeta que a violeta adora-te
    Esquece a flor de lis.

1884

You have my ardent love, and it's enough
    To bring you joy and peace;
Please love the violet for he loves you
    Forget the fleur-de-lis.

1884

Herculano Levy
(1889–1969)

Herculano Levy, musicólogo, contista, dramaturgo e poeta, nasceu a 25 de Junho de 1889 na ilha de São Tomé e faleceu a 14 de Julho de 1969, em Lisboa, vítima de trombose. De herança racial e religiosa mista, seu pai era o rico negociante judeu inglês Salvador Levy e sua mãe Esperança dos Santos Corte Real Pimentel, natural de São Tomé. Aos cinco anos deixou sua mãe e viajou a Lisboa para seus estudos, sendo internado no Colégio de Nossa Senhora das Dores em Lisboa. Ingressou depois na Escola Académica de Lisboa, onde concluiu o Curso Geral de Comércio. Após sua formatura, o pai o enviou de volta para São Tomé onde tornou-se ajudante de administrador na fazenda de cacau e café de seu pai.

Quando jovem, viajou em diversos países da Europa, acompanhando a madrasta e o pai, que tinha um escritório na Praça do Município, junto à atual Câmara Municipal de Lisboa, e um outro na Rua dos Ourives do Ouro. A família vivia num palacete na Rua Castilho, perto do edifício das Belas-Artes em Lisboa. Herculano estava em São Tomé quando recebeu a notícia de que seu pai tinha falecido. Ele voltou imediatamente a Lisboa, mas seu irmão o expulsou da residência e da família por questões de ilegitimidade. Sem família e sem trabalho, Herculano padeceu muito durante os próximos anos em Portugal. O processo de paternidade não foi decidido até 1936, quando o júri do Supremo Tribunal de Justiça o reconheceu como filho legítimo de Salvador Levy, e assim pode participar na partilha da herança do pai após muitos anos de sofrimento. Como observou José de Melo, "Herculano Levy nunca deixou a sua grande alma chegar a revolta, mas alcançou alturas de reflexiva amargura." Sua fé em Deus e o amor de sua esposa portuguesa, Dona Luisa Levy, ou Zinha como ele a apelidava, o sustentou.

Herculano Levy escreveu sua poesia durante a época parnasiana quando o soneto clássico, de catorze versos decassilábicos organizados em estrofes de dois quartetos e dois tercetos, estava em pleno vigor; um dos seus companheiros era o laureado poeta português Guerra Junqueiro.

Herculano Levy
(1889-1969)

Herculano Levy, musicologist, short story writer, dramatist and poet, was born June 15, 1889, on the Island of São Tomé and died July 14, 1969, in Lisbon, a victim of thrombosis. Of mixed racial and religious heritage, his father was a rich Jewish English businessman by the name of Salvador Levy and his mother Esperança dos Santos Corte Real Pimental, an African from São Tomé. When five years of age he was made to leave his mother and travelled to Lisbon for his education, first being interned in the Colégio de Nossa Senhora das Dores. He later entered Escola Académica of Lisbon, where he finished the General Course of Commerce. After graduating, his father sent him back to São Tomé where he became an adjunct administrator on his father's cacao and coffer plantation.

While in his youth, he traveled throughout Europe, accompanying his stepmother and father, who had an office in the Praça do Município, near the Municipal Building of Lisbon, and another one on the Rua dos Ourives do Ouro. The family lived in a palatial mansion on Rua Castilho near the Belas Artes Building in Lisbon. Herculano was in São Tomé when he received word of his father's passing. He returned immediately to Lisbon, but his brother expelled him from the residence and from the family due to questions about his illegitimacy. Without the family and without work, Herculano suffered much during those next years in Portugal. The legal proceedings on his paternity was not decided until 1936, when the jury of the Supreme Court of Justice recognized him as a legitimate son of Salvador Levy, and thus he was finally awarded a share of the inheritance. As stated by José de Melo, "Herculano Levy never allowed his great soul to rebel, but he did reach heights of bitter reflection." His faith in God and the love of his Portuguese wife, Luisa Levy, or Zinha as he lovingly called her, sustained him.

Herculano Levy wrote his poetry during the Parnassian period when the classic sonnet, of fourteen decasyllabic verses arranged into stanzas of two quatrains and two tercets, was immensely popular; one of his companions

Deixou poemas dispersos nos jornais e num volume intitulado *Poesias*. Em 1998 Carlos Espírito Santo reuniu toda sua obra poética num só volume intitulado *Poemas*. É desse volume que vem todos os poemas nesta antologia, assim como a citação de José de Melo que aparece acima.

was the recognized Portuguese poet Guerra Junqueiro. Herculano published several poems dispersed in newspapers and in a volume entitled *Poesias*. In 1998 Carlos Espírito Santo collected all his poetic output into one volume entitled *Poemas*. It is from that volume that all the poems in this anthology are taken, as well as the quote by José de Melo that appears above.

O renegado

Duas raças se uniram num momento...
Que deu esse momento? A estranha cor
D'incerta raça, a covardia, o horror
D'um filho abandonado ao sofrimento!...

Ah! Mas cresceu num tal deslumbramento
Que, olhando o Céu em todo o seu fulgor,
Num voo intrépido escalou a dor
Nessa busca febril do Pensamento!

Houve uma convulsão de arrepiar
No pai, ao vê-lo assim, transfigurado,
Desferindo soluços ao luar...

Anda no Céu, de brilho arrocheado,
Uma estrela de mágoa a cintilar:
É ele, a alma heroica, o renegado!

The Renegade

Two races were united in one moment . . .
What did the moment yield? A color strange
A race uncertain, dread, cowardice, change
A son that was abandoned suffering torment! . . .

Ah! But he grew in such dazzling seduction
That, looking unto Heaven's brilliant domain,
In one intrepid flight he scaled the pain
In feverish search for Thought and for instruction!

The dad, convulsed with chills, who nearly screamed
To see his son this way, transfigured and dismayed,
Unleashing cries to the moonlight unredeemed . . .

And in the Heavens, brilliantly arrayed,
A star of sorrow brightly shown and beamed:
It's him, the hero's soul, the renegade!

Contraste

Tu és a luz, eu sou a sombra escura!
Tu és o sol, eu a noite imensa,
Aquela sombra ansiosa que procura
Morrer de luz na claridade intensa.

Tu és o riso alegre da ventura,
O riso de quem ri porque não pensa,
Eu sou o desalento, a amargura,
Sonho desfeito em lágrimas suspensa...

Tu és o bem supremo, eu sou o mal;
Tu és o áureo voo do colibri
Eu sou no lodo o asquide fatal;

E enquanto vida inteira te sorri
Pulsando no teu corpo triunfal,
Eu vivo apenas de morrer por ti!

Contrast

You are the light, I am the shadow dark!
You are the sun, I am the night immense,
That anxious shadow seeking bold and stark
To die within your light so clear, intense.

You are the joyful laughter of good fortune,
The laugh of one who laughs without a thought,
I am discouragement, and I'm misfortune,
A broken dream dissolved to tears as naught . . .

You are the supreme good, and I am evil;
You're golden hummingbird in flight from me
And I the filthy, loathsome mud primeval;

And while you live your life so full and free
Pulsating through your body triumphs gleeful
I only live to merely die for thee!

Aniversário

Queres então que eu escreva a minha vida?
Pois bem: Nasci, sei lá há quantos anos,
Naquelas matas de África, onde, inglórios,
Os olhos se me abriram para a lida!

Como um punhal abrindo uma ferida
Os dias me corriam bem tiranos!
Longe da minha mãe, ai quantos danos,
Eu tive que sentir na alma dorida!

Meu pai olhou por mim, mas sem poder
Calar, com a fortuna, a minha dor!
Até que tu pudeste aparecer.

Como num lago triste nasce a flor
Que o faz sorrir . . . e a mim me fez viver,
Doce bem, minha Zinha, meu Amor!

Birthday

You want that I should write about my life?
Well: I was born, don't know how long ago,
In those African forests, where, inglorious,
My eyes were opened to hard work and strife!

And like a dagger opening a sore
My days were hard, despotic, cruelly so!
Far from my mother, oh what dangers, woe
I had to suffer in my soul's deep core!

My dad watched over me, but couldn't calm
With all his wealth, my pain and gloom!
Until you did appear and brought me balm.

As in a sorrowful lake a flower's bloom
Will bring a smile . . . you brought me life's sweet psalm,
Dear one, my Zinha, my Love, sweet perfume!

Soneto

A rosa branca disse ao sol doirado:
Porque razão meu astro benfazejo
Te escondes entre as nuvens, mal te vejo,
Como o silfo nos bosques assustado?

É porque vivo abrasado
Na luz do teu olhar que tanto invejo;
E receio queimar-te; dá-me um beijo
Um beijo só, um só, anjo adorado.

E sem dar tempo algum para que a rosa
Fugisse com a fronte perfumada,
Roubou-lhe um beijo à boca graciosa;

Então a linda flor envergonhada
À luz do sol e receosa,
Curvou a fronte ao chão . . . fez-se encarnada.

Sonnet

The white rose speaking to the golden sun:
What reason can you give me, my dear star
To hide in clouds, I can't see where you are,
Are you like forest sylphs who're scared and run?

It's that I live inflamed and want to bask
In love light from those eyes that I adore;
I fear I'll burn you; kiss me I implore
One kiss, my angel, one, that's all I ask.

And since the rose not having any time
To flee away with her white perfumed head,
He stole a kiss from her sweet lips sublime;

And with the flower's embarrassment now spread
Throughout the sun's bright light and heated clime,
She dropped her head . . . and blushed a rosy red.

1917

Um voo de corvos mancha o claro azul celeste:
Há cheiro a sangue, há cheiro a morte, há cheiro a peste!
O homem—é só fera! A planta—é só cipreste!

Surgiu o apocalíptico, o fero Anti-Cristo!
Santíssimo presságio:—entre clarões, avisto
O regresso fatal da pureza de Cristo!

Inunda o orbe imenso um delírio profundo!
Impérios torturando o coração do mundo!
O sonho alucinado e vil e tremebundo!

A alma humana é um covil! E tudo o que ela encerra
Molossos são, raivando:—o ódio, a ambição, a guerra!
Verdugos de ideais, — o que é das flores da terra?

Indigna cicatriz do tempo imperecível!
De carne espostejada há um destroço horrível,
E a Natureza muda e serena e impassível!

1917

A flight of crows now stains the clear blue azure sky:
There's smell of blood, there's smell of death, from plagues they die!
The man—he's just a beast! The plant—just cypress vie!

The great apocalypse, the beastly Anti-Christ!
Holy foreboding: I see, midst the lightening diced
The fatal and the pure return of Jesus Christ!

The world is flooded with delirium profound!
Imperial states earth's heart they torture and they pound!
Demented dreams most vile with terror now abound!

The human soul's a filthy den! It's filled with bile
With evil rantings: hate, ambition, war, denial!
Ideals of hangmen,—what about earth's flowers, meanwhile?

A shameful deathless scar of time now over sweeps!
All flesh that's sliced and quartered into awful heaps,
And Nature, silent and serene, impassive sleeps!

Caridade

Que eu faça o bem e de tal modo o faça
Que ninguém saiba o quanto me custou.
Deus, espero de ti mais esta Graça:
Que eu seja bom sem parecer que o sou.

Que o pouco que me dês me satisfaça
E, se do pouco mesmo algum sobrou,
Que eu leve esta migalha onde a desgraça
Inesperadamente penetrou.

Que a minha mesa a mais tenha um talher,
Um alívio de dor na vida nossa,
Para o pobre faminto que vier.

Que eu transponha tropeços e embaraços,
Mas não coma sozinho o pão que possa
Ser partido por mim em dois pedaços.

Charity

To go round doing good in such a way
That no one knows how much it took from me.
And God, I hope for one more Grace: oh may
I be all good without seeming to be.

That what you give will satisfy my care
And, if something remains, though modestly,
That I may take that crumb to where despair
Has penetrated unexpectedly.

And may my table have an extra place,
To soothe the pain that's in a life of strife,
For some poor hungry man who's gaunt of face.

And may I overcome each test each trial
And never eat alone the bread of life
Rather divide and share it with a smile.

Generation of Modernism

Geração do Modernismo

Marcelo Veiga
(1892–1976)

Marcelo Veiga da Mata era de ascendência africana. Nasceu a 30 de Outubro de 1892, na Ilha do Príncipe. Viajou a Lisboa, Portugal aos onze anos de idade para fazer os estudos, mas só chegou ao quinto ano. Em Lisboa conviveu com várias personalidades literárias, incluindo o artista-escritor Almada Negreiros, o poeta Francisco José Tenreiro (ambos nascidos em São Tomé) e o crítico Hernani Cidade. Em 1928 regressou à sua terra natal, dedicando-se à agricultura.

Em Agosto de 1959 enquanto vivendo em São Tomé, Veiga toma posição pública contra o governo de Salazar em relação aos problemas do Arquipélago e fala de improviso denunciando a situação económica e as condições inumanas dos trabalhadores. No dia 19 de Agosto de 1959 é preso pela PIDE em São Tomé durante um mês. Mais tarde esteve preso em Luanda, Angola, onde foi julgado em tribunal militar, sendo posto em liberdade. Volta para a ilha do Príncipe em Março de 1960. De 1962 a 1973 viveu em Lisboa, regressando ao Príncipe em 1973. Após a revolução de Abril, foi eleito deputado à Assembleia Constituinte.

Marcelo Veiga, junto com seus conterrâneo Francisco José Tenreiro, esteve na vanguarda dos escritores que incorporaram "Negritude", ou temas africanos na sua poesia. Estes incluem elementos culturais tais como o batuque e temas sociais como a injustiça e o preconceito racial contra os Negros (infelizmente, muitos Negros desse dia aceitavam a noção que a sua raça era de fato, inferior). A poesia de Veiga, embora inovadora nos assuntos que aborda, usa formas que lembram um período anterior; ele emprega rima e metrificação consistentes, embora elas muitas vezes variam de verso a verso e de poema a poema. Marcelo Veiga foi vítima de ataque cardíaco e faleceu no dia 3 de Março de 1976 na ilha de São Tomé.

Marcelo Veiga
(1892–1976)

Marcelo Veiga da Mata was of African descent. He was born October 30, 1892, on the Island of Príncipe. He travelled to Lisbon, Portugal when eleven years old to study, but completed only the fifth grade before dropping out of school. Although life was difficult for him in Portugal, he remained there until 1928 when, at age thirty-six, he returned to Príncipe to work in agriculture. While in Lisbon, he associated with various literary personalities, including writer-artist Almada Negreiros, poet Francisco José Tenreiro (both of whom had been born in São Tomé), and critic Hernani Cidade.

In August of 1959, while living in São Tomé, Veiga spoke out against the repressive government of Salazar, whose policies not only proscribed the activities of native Africans, but fostered inhuman conditions for the working poor. Veiga's remarks led to his arrest on August 19, 1959, by the PIDE, Portugal's secret police. He served a month of prison in São Tomé and then again for a short time in Luanda, Angola, before the military tribunal that had tried him set him free; he returned to Príncipe in March of 1960. He again lived in Lisbon between 1962 and 1973, whereupon he returned to Príncipe. When independence was obtained he was elected to the Constitutional Assembly.

Marcelo Veiga, together with his fellow-countryman Francisco José Tenreiro, was in the vanguard of writers who incorporated "Negritude" or African themes into his poetry. These included cultural elements such as the batuque, drum-fest or dance, and social themes such as injustice and racial prejudice against Blacks (unfortunately many Blacks of that day accepted the notion that theirs was an inferior race). Veiga's poetry, although innovative in subject, uses forms that harken to an earlier period; he consistently rhymes and uses a consistent meter or number of syllables, although they vary widely from line to line and poem to poem. Marcelo Veiga died of a heart attack on March 3, 1976, in São Tomé.

O batuque, V
(fragmento)

O ululo e a grita desta forte dança,
A tribo toda empunhando a lança,
O ouvido afiado e atento a hora aguardava
Pra, como a água que rola duma serra
Rebramindo, cair em som de guerra
Sobre a vizinha tribo forte e brava.
No firmamento estrelas aos milhões,
As pálpebras de fogo cintilando,
Alinham-se em cerrados batalhões...
Véspera de luta! que o astro os céus roxando
Dia em púrpura anuncia e logo em vulcões,
As lanças faiscando luz guerreiros
Membrudos de cor negra dos limoeiros,
Pelos vales rolarão brutais, cantando.
A floresta reboa! Apavoradas
Fogem das lapas feras despertadas.
O fogo, em estalidos sobe a medra
E ao fechar da noite é só cinza e pedra
A tribo inimiga. Eis então ruge
O batuque e, em delírio e febre estruge
Como a água em negro e torvo sorvedouro,
A aclamação ao chefe vencedor.
Ai noites da minha terra,
Ébrias de encanto e de perfume que erra!

The Batuque, V
(fragment)

The ululation shouts of this strong dance,
The tribesmen at the ready with their lance,
With ears attuned they're waiting for the charge
When, like the rolling waters down the mountains
Their war cries burst the air cascading fountains
Upon the neighboring tribe so brave and large.
Above, the firmament with millions stars,
That twinkle like small campfires ablaze,
Align themselves like soldiers from afar . . .
The eve of war! The rising sun's red haze
Now lights the day and soon volcanic are,
The lances of the warriors glistening bright
By black men held, each one as black as night,
Will crash the bush and brutal chanting raise.
The woods reverberate! And in great fear
Awakened beasts depart as sounds draw near.
The fire crackles rising all alone
And when night falls, its only ash and stone
Their tribal enemy. And soon the drums
Batuque, feverish beat, deliriums,
Like water in a dark and turbid whirlpool,
The chieftain claims a total victory.
Oh nights that my ancestral land compels,
Intoxicating charms wafting in smells!

Costa Alegre

Numa ilha do equador
Onde florescem palmas e coqueiros
E têm murmúrios doces os ribeiros,
Nasceu um sonhador,
Um visionário, asceta,
Alma branca, de flor,
Que o destino fadou e sagrou poeta.

Menino e moço ainda,
Como a ave que bate a asa esperta e linda
Mal pressente na voz primeiro canto,
Deixou um dia, rindo, sem um pranto,
A sua ilha que o sol afaga e alinda.

Alegre lhe chamaram;
Para a glória o fadaram,
Pra triunfador nasceu,
Mas como a ave que pelo espaço corre
E, após primeiro trilo, cai e morre,
Costa Alegre morreu!

Costa Alegre

Upon an equatorial isle some hours,
Where coconut and palm trees always grow
And all the brooklets babble sweet and low,
Was born a dreamer with great powers,
A visionary man, ascetic,
Whose soul was white, and filled with flowers,
So destiny anointed him to be poetic.

While he was only just a lad,
And, like a bird that tests its wings, he'd had
An inkling of the gift in his first song that day,
So with a smile, but not a tear, he flew away,
And left his island, which the sun makes warm and glad.

Alegre, which means happy, was his name;
And destiny had fated him for fame,
To triumph he was born, they cried,
But like the bird that soars and highest flies
And, after its first trills, it falls and dies,
Costa Alegre died!

Regresso do homem negro

Mas que importa que uns tais ... sim, razão me não deem,
E queiram ver-me em esqueleto
Ou rendido à hipocrisia
De que vivem noite e dia?

A ideia não pára e sou preto, como veem,
Mas preto, preto, preto!
Nasci no continente que o sol queima
E o homem branco chamou seu
E prendeu
Com algema.

Vida ingente,
Num calvário onde o sangue jorra quente,
Vivi.
Escravo
Por toda a terra andei.
Américas criei;
Na humilhação e agravo
Cresci.

Fui bola
No foot-ball do Mundo;
Partner que sangra e no chão rola
Sob todo punho iracundo.

Sou preto—o que ninguém escuta;
O que não tem socorro;
O—olá, tu rapaz!
O—ó meu merda! Ó cachorro!
O—ó seu filho da puta!
E outros mimos mais ...

Return of the Black Man

But what's it matter that some types . . . yes, they don't give me credit,
And want to see me skeletal
Or bow to the hypocrisy and fright
By which they live both day and night?

The idea doesn't end and I am black, as you can see,
But really black, black, black!
I was born on the continent the sun likes to burn
Which the white man calls his own
And holds alone
With manacles.

Inhuman life,
A Calvary where blood runs hot with strife,
I've lived with scorn.
Enslaved
I've travelled all the earth.
To the Americas gave birth;
And raised humiliated and depraved
Since I was born.

I've been the footballs
For all the World's soccer trysts;
The partner that bleeds and on the ground rolls and falls
Beneath irascible fists.

I'm black—the one nobody listens to;
The one for whom no help is found;
The—hey there, you boy!
The—you piece of crap! Hey dog pound!
The—you bastard you!
And several more endearing terms of joy . . .

Sou preto. Escravo
Vivi;
Na humilhação e agravo
Cresci...

Mas Deus viu,
Contou,
Pesou
E disse:—Lázaro! O céu ouviu...
Erra inda o eco da tua dor e ai...

Já tens de mais do sofrimento o treino.
Eu te abençoo e mando—vai!
Chegou a hora do teu reino!

I'm black. Enslaved
I've lived with scorn;
Raised humiliated and depraved
Since I was born . . .

But God was watching faithfully,
Rehearsed it,
Weighed it
Then said:—Lazarus! The heavens have heard thy plea . . .
The echo of your pain still roams about and oh . . .

You're over-trained in suffering and survived.
I bless you and I send you forth—now go!
The moment of your kingdom has arrived!

Nova lira—canção

Quem embarcou no porão
Fechado a sete chaves,
Apertado entre traves,
Sem ver sol sem ver a lua?
    Foi o preto!

Quem deixou a sua terra,
—Filho ingrato que fugiu
Ao pai e à mãe que não mais viu,
Pra ir acabar como um cão?
    Foi o preto!

Quem a mata derrubou,
E cavou, e semeou,
E co'a sua mão de bruto
Cuidou, recolheu o fruto?
    Foi o preto!

Quem fez o "senhor"—o patrão;
"Lhe tirou da vida aflita";
"Lhe deu senhora bonita".
"E importância e situação"?
    Foi o preto!

New Lyre—Song

Who shipped out in the hold
Locked up in chains, who screams,
Stacked tight against the beams,
Not seeing the sun or moon?
    It was the black man!

Who left his native land,
—Ungrateful son who fled
And will not see his folks, his bed,
To end up like a dog?
    It was the black man!

Who cleared the land and hoed,
And plowed the fields, and sowed,
And who, with beast-like hand
Then harvested the land?
    It was the black man!

Who made his boss—the "Lord;"
"Provided help and care;"
"Gave him a lady fair,"
"Prestige, position, hoard?"
    It was the black man!

É vergonha ou o quê?

Quando vês teu irmão preto,
—É vergonha ou o quê?—
Tu toda te atrapalhas,
Baixas o olhar inquieto,
Os próprios passos baralhas
Num zig'zaguear démodé...

Que te fez a tua raça?
Que te fez a tua cor?
Vês a branca com mais graça
E a preta mais feia, ou pior?
    A culpa é de Deus só!

Se é isso que te faz dó:
Ata uma pedra ao pescoço
E afoga-te a um poço...

A pele já não a mudas:
Veio assim...
Não há pomadas, ajudas
Que lhe façam de marfim.

Are You Ashamed or What's the Deal?

When you see me, a coal black brother,
—Are you ashamed or what's the deal?—
You act embarrassed and befuddled,
And drop your gaze on something other,
Your footsteps falter all a muddle
Their shifting zigzag so unreal . . .

Who is it made your race?
Who made your color, style?
You think white girls have charm and grace
While blacks are ugly, even vile?
    God is to blame and he alone!

If that's the painful thought you've sown:
Then tie a stone around your neck
And jump into a well this sec . . .

You cannot change your skin one bit:
It came that way you see . . .
There is no cream, no gel, nor kit
To make your skin like ivory.

África é nossa
(fragmento)

África não é terra de ninguém,
De qualquer que nem sabe de onde vem;
Terra refúgio e abrigo
Da Virgem e o Menino
Na hora dura do perigo.
Não é este é outro o seu destino,
Destino esplendor do sol que brilha
Não este de despromoção que humilha...
Qualquer parcela de África tem povo,
Tem o seu povo; qualquer outro novo
Não é para mandar, falar co'entono,
Mas pra a ajudar, agenciando a vida;
Porque o seu povo é que é o seu dono!
Esta África que os bandos lusos deram
Um dia à Europa; joia que trouxeram
Dessa vagabundagem inaudita
Que uma alta lira pelo Orbe espalha e grita;
Esta África-Ófir de todo o argonauta;
Febre do que anseia uma mesa lauta
E, mal acosta e a praia lhe alcança,
Vida lhe muda em luto e desesperança
Em vez de em doce bênção que remoça.
Esta África é nossa! É nossa! É nossa!
Temo-la em nós esperança, sonho, ânsia,
A chamar como um clarim à distância;
A murmurar-nos em voz meiga e sã;
"—Filhos! A pé! A pé! Que é já manhã"!
Esta África em que quem quer dá co'o pé,
Esta negra África escarumba, ólé!
Não a queremos mais sob jugo de alguém,
Ela é nossa mãe!

1935

Africa Is Ours
(fragment)

Africa does not belong to anyone you name,
To anyone who doesn't even know from whence he came;
A land of refuge and of shelter
For the Virgin and the Child or any other
In hard times filled with danger, helter-skelter.
That's not her destiny she has another,
Her destiny's the splendor of the sun that shines o'er all creation
Not this one that drags down in sad humiliation . . .
All parts of Africa have their people, tribe,
She has her people; new ones who arrive
Must not command or speak with strife,
Instead they should provide us help, and bless our life;
Because its people own the land, this is our land!
This Africa that bands of Portuguese one day,
Swept o'er and offered up to Europe: a jewel taken away
From wondrous exploits that they carried out
Of which a grand high lyre spreads o'er the Orb as with a shout;
This Ophir-Africa, to which all Argonauts were led;
A fever for a table that is sumptuously spread
But, just as soon as they have reached the shoreline there,
Their life is changed to mourning and despair
They do not gain the blessings they were hoping for.
This Africa is ours! Is ours! Is ours! As I have said before!
We hold within us hope, a dream, an anxiousness for who we are,
It's like a clarion call that's sounding from afar;
That's whisp'ring to us with a soft and tender voice:
"—Children! Stand! Stand up! The dawn has come, time to rejoice!"
This Africa that's kicked by all who stepped ashore one day,
This dusky Africa that's black, hurray!
Will not be in subjection anymore to anyone,
She is our mother!

1935

Almada Negreiros
(1893–1970)

José Sobral de Almada Negreiros, artista, poeta, romancista, dançarino e dramaturgo, nasceu no dia 7 de Abril de 1893 em Trindade na Ilha de São Tomé. Seu pai, António Lobo de Almada Negreiros, era português e sua mãe, Elvira Freire Sobral, era africana de São Tomé; ela morreu três anos depois. Em 1900, o jovem Almada acompanhou seu pai a Portugal onde foi educado numa escola jesuíta em Campolide, Lisboa.

Além de literatura e arte, Almada Negreiros desenvolveu coreografias de ballet, e trabalhou com tapeçaria, gravação artística, murais, caricatura, mosaico, azulejos e vidrais. Juntou-se a Fernando Pessoa e Mário de Sá-Carneiro ao publicar e escrever em *Orpheu* (1915), a revista que introduziu a literatura e a arte moderna em Portugal. Durante dois anos morou em Paris (1918–1920) e de 1927 a 1928 morou em Madrid. Influenciado por Cubismo e Futurismo, ao regressar a Portugal trabalhou assiduamente em variados projetos, o que lhe outorgou o título de principal artista moderno de Portugal. Convencido que toda expressão artística e todo e qualquer gênero estavam interligados, ele combinou as artes visuais com a literatura e, depois de Fernando Pessoa, Almada Negreiros é o mais importante autor e artista moderno de Portugal. Ele faleceu no dia 15 de Julho de 1970 em Lisboa.

As seleções de poemas que aparecem nesta antologia vem de José de Almada Negreiros, *Poemas,* organizado por Fernando Cabral Martins, Luís Manuel Gaspar e Mariana Pinto dos Santos, 2ª edição (Lisboa: Assírio & Alvim, 2005).

Almada Negreiros
(1893–1970)

José Sobral de Almada Negreiros, modern artist, poet, novelist, dancer, and dramatist was born April 7, 1893, in Trindade on the Island of São Tomé of a Portuguese father, António Lobo de Almada Negreiros, and an African mother from São Tomé, Elvira Freire Sobral, who died three years later. In 1900, the young lad accompanied his father back to Portugal where he was educated at a Jesuit boarding school in Campolide, Lisbon.

Besides literature and painting, Almada Negreiros developed ballet choreographies, and worked on tapestry, engraving, murals, caricature, mosaic, glazed tile, and stained glass. He joined with Fernando Pessoa and Mário de Sá-Carneiro in founding and publishing in *Orpheu* (1915), the journal that introduced modernist literature and art in Portugal. For two years he lived in Paris (1918–1920), and from 1927 to 1928 he lived in Madrid. Back in Portugal, with his prolific and varied works influenced by Cubism and by Futurism, he became the leading artist of Portuguese modern art. Convinced that all artistic expressions and genres were linked, he combined the visual arts with literature, and next to Fernando Pessoa, Almada Negreiros is the most important modernist author and artist of Portugal. He died July 15, 1970, in Lisbon.

The selection of poems that appear in this anthology were taken from José de Almada Negreiros, *Poemas,* organized by Fernando Cabral Martins, Luís Manuel Gaspar, and Mariana Pinto dos Santos, 2d edition (Lisbon: Assírio & Alvim, 2005).

"E continuam a nascer soldados"

E continuam a nascer soldados
que morrem ou escapa da guerra
e as guerras passam e voltam
por mor de haver soldados
soldados e guerras
monótonos como tambores
para o passo certo
até ao fim do mundo.

And soldiers continue to be born

And soldiers continue to be born
who die or escape from war
and the wars pass by but return
in consequence of having more soldiers
soldiers and wars
monotonous like drums
for the exact marching step
until the end of the world.

"Do Éther o Destino me lançou em pára-queda"

Do Éther o Destino me lançou em pára-queda
e à Terra vim
coevo do Mundo
o dia da minha aterragem.

Do Caos ao Kosmos fui levado em horas
ainda antes da chegada da Razão.

Um homem e uma mulher
vassalos, como eu, do Destino e do Éther
fizeram o caso fidelíssimo da minha circunstância
na harmonia dos Elementos Universais
ou o meu retrato imperdível.
Todas as minhas certezas são antigas
e de antes de mim:
sou só aquele que acerta
as minhas pessoais certezas antigas
de antes de mim
com a hora atual de todos.

Só caibo no Universo
e mais do que em mim:
assim me trouxeram desde o princípio
como puderam
até aqui
intacto da presença de todas as atualidades
menos desta.
Aterrei carimbado com toas as datas da expedição
e eu nasci depois.
Por isso só com o Universo me entendo
e Ele a mim.

From Ether Destiny hurled me in a parachute

From Ether Destiny hurled me in a parachute
and to Earth came I
coeval with the World
on the day of my landing.

From Chaos to the Kosmos I was transported in hours
even before the arrival of Reason.

A man and a woman
vassals, like me, of Destiny and of Ether
performed the case faithfully of my circumstance
in the harmony of the Universal Elements
on my not-to-be-missed portrait.
All of my certainties are ancient
and from before I was:
I'm only he who adjusts
my personal ancient certainties
from before I was
to the current hour of everyone.

I only fit in the Universe
and more than in myself:
that's how they brought me from the beginning
as best they could
to this point
intact from the presence of all the actualities
except this one.
I landed stamped with all the dates of the expedition
and I was born soon after.
That's why I only resonate with the Universe
and She with me.

O Universo alegrou-se por ter mais uma circunstância em mim
e ficou de boca aberta ao ver como eu o via.
Disse-me o Universo: "Se não fosses tu,
nunca me passaria pela cabeça que pudesse ser visto como tu me vês."
E eu disse ao Universo: "Não saberei ver-te senão como te vejo."
E aqui estou leal ao Universo
e anárquico à hora atual.
E das duas, uma: (para rimar)
ou passo despercebido agora
ou ponho o meu Universo à hora.

Nunca perguntei a ninguém quem é
senão a mim.

The Universe rejoiced at having one more circumstance in me
and remained with her mouth wide open at seeing how I saw her.
The Universe told me: "If it weren't for you,
it never would have occurred to me that I could be seen like you see me."
And I said to the Universe: "I would not know how to see you except as I see you."
And here I am loyal to the Universe
and anarchical to the present hour.
It's one or the other: (for the rhyme)
either pass by unnoticed at the gate
or bring my Universe up-to-date.

I never asked anyone who she was
except myself.

Luís o poeta salva a nado o poema

Era uma vez
um português
de Portugal.

O nome Luís
há-de bastar
o mundo inteiro
ouviu falar.

Estala a guerra
e Portugal
chama Luís
para embarcar.

Na guerra andou
a guerrear
e perde um olho
por Portugal.

Livre de morte
pôs-se a contar
o que sabia
de Portugal.

Dias e dias
grande pensar
juntou Luís
a recordar.

Ficou um livro
ao terminar
muito importante
para estudar.

Ia num barco
ia no mar
e a tormenta
vá d'estalar.

Mais do que a vida
há-de guardar
o barco a pique
Luís a nadar.

Fora da água
um braço no ar
na mão o livro
há-de salvar.

Nada que nada
sempre a nadar
livro perdido
no alto mar.

—Mar ignorante
que queres roubar?
a minha vida
ou este cantar?

A vida é minha
ta posso dar
mas este livro
há-de ficar.

Estas palavras
hão-de durar
por minha vida
quero jurar.

Luis the Poet Swimming Saves the Poem

One time there was
a Portuguese
from Portugal.

His name was Luís
that's quite enough
the whole wide world
knows this bright duff.

A war erupts
the Portuguese
call upon Luís
to leave by sea.

And in that war
a fight, a cry
for Portugal
he lost an eye.

And saved from death
he starts to write
of Portugal
all through the night.

For days and days
he thought and scrawled
and Luís compiled
what he recalled.

His book was born
and all agreed
real important
for all to read.

While on a ship
upon the sea
a storm appeared
striking the lee.

But more than life
he wants to save
the ship was sunk
Luis swam the wave.

Out of water
arm in the air
book in his hand
saves it with care.

Swimming he swam
swimming out there
book could be lost
the sea don't care.

—Ignorant sea
which will you take?
my very life
or this song I make?

My life is mine
to give you sure
but not this book
it must endure.

These words of mine
will outlast strife
I swear they will
upon my life.

Almada Negreiros

Tira-me as forças
podes matar
a minha alma
sabe voar.

Sou português
de Portugal
depois de morto
não vou mudar.

Sou português
de Portugal
acaba a vida
e sigo igual.

Meu corpo é terra
de Portugal
e morto é ilha
no alto mar.

Há portugueses
a navegar
por sobre as ondas
me hão-de achar.

A vida morta
aqui a boiar
mas não o livro
se há-de molhar.

Estas palavras
vão alegrar
a muita gente
de bom pensar.

À nossa terra
irão parar
lá toda a gente
hão-de gostar.

Só uma coisa
vão olvidar:
o seu autor
aqui a nadar.

É fado nosso
é nacional
não há portugueses
há Portugal.

Saudades tenho
mil e sem par
saudade é vida
sem se lograr.

A minha vida
vai acabar
mas estes versos
hão-de gravar.

O livro é este
é este o cantar
assim se pensa
em Portugal.

Depois de pronto
faltou-me dar
a minha vida
para o salvar.

Madrid, dezembro 1931

Take all my strength
and make me die
but this my soul
knows how to fly.

From Portugal
I'm Portuguese
killing me dead
it won't change me.

From Portugal
Portuguese came
after I'm dead
I'll be the same.

My body's earth
I'm Portuguese
dead I'm an isle
in these deep seas.

Some Portuguese
sailing the sea
on ocean waves
will soon find me.

My life is dead
floating as yet
but not the book
it won't get wet.

Surely these words
will bring much joy
to many folks
wise hoi polloi.

Then to our land
they will be bound
with all those folks
joy will be found.

Only one thing
they will forget:
he the author
who swims here yet.

This is our fate
it's national
no Portuguese
just Portugal.

I'm nostalgic
my goal's unmet
nostalgia's life
unfulfilled yet.

My very life
is going to end
but not my verse
it will transcend.

This is the book
my verse of song
in Portugal
they sing along.

Once it was done
I failed to give
my earthly life
so it could live.

Madrid, December 1931

Almada Negreiros — 115

Rosa dos ventos

Não foi por acaso que o meu sangue que veio do Sul
se cruzou com o meu sangue que veio do Norte.
Não foi por acaso que o meus sangue que veio do Oriente
se cruzou com o meu sangue que veio do Ocidente.
Não foi por acaso nada de quem sou agora.
Em mim se cruzaram finalmente todos os lados da terra.
A Natureza e o Tempo me valeram: séculos e séculos
ansiosos por este resultado um dia
e até hoje fui sempre futuro.
Faço hoje a idade do Antigo
e agora nasço novo como ao Princípio:
foi a Natureza que me guardou a semente
apesar das épocas e gerações.
Cheguei ao fim do fio da continuidade
e agora sou o que até ao fim fui desejo:
o Centro do Mundo já não é no meio da Terra
vai por onde anda a Rosa dos Ventos
vai para onde ela vai
anda por onde ela anda.
Agora chego a cada instante pela primeira vez à vida
já não sou um caso pessoal
mas sim a própria pessoa.

Compass Rose

It wasn't by chance that my blood from the South
was crossed with my blood from the North.
It wasn't by chance that my blood from the Orient
was crossed with my blood from the Occident.
It wasn't by chance anything of who I am now.
In me are finally crisscrossed all the regions of the earth.
Nature and Time were useful to me: centuries and centuries
anxious for this result one day
and until today I was always future.
Today I celebrate the age of the Ancient
and now I'm born anew as in the Beginning:
it was Nature that nurtured my seed
in spite of epochs and generations.
I arrived at the end of the line of continuity
and now I am what up to the end I was desire:
the Center of the World is no longer in the middle of the Earth
it runs where the Compass Rose runs
it goes where she goes
and runs where she runs.
Now I arrive at each instant for the first time in my life
I'm no longer a personal case
but in fact the very person.

"A flor tem linguagem de que a sua semente não fala"

A flor tem linguagem de que a sua semente não fala.
A raiz não parece dar aquele fruto.
Não parece que a flor e a semente sejam da mesma linguagem.
Retirada a linguagem
a semente é igual a flor
a flor igual a fruto
fruto igual a semente
destino igual a devir.
E era o que se pedia: igual.

The flower has a language that its seed doesn't speak

The flower has language that its seed doesn't speak.
The root doesn't seem to produce that fruit.
It doesn't appear that the flower and the seed are from the same language.
Once the language is withdrawn
the seed is the same as the flower
the flower is the same as the fruit
the fruit is the same as the seed
destiny the same as becoming.
And that was what was called for: equality.

Momento de poesia

Se escrevo ou leio ou desenho ou pinto,
logo me sinto tão atrasado
no que devo à eternidade,
que começo a empurrar pra diante o tempo
e empurro-o, empurro-o à bruta
como empurra um atrasado,
até que cansado me julgo satisfeito.
(Tão gémeos são
a fadiga e a satisfação!)
Em troca, se vou por aí
sou tão inteligente a ver tudo o que não é comigo,
compreendo tão bem o que não me diz respeito,
sinto-me tão chefe do que está fora de mim,
dou conselhos tão bíblicos aos aflitos de uma aflição que não é minha,
que, sinceramente, não sei qual é melhor:
se estar sozinho em casa a dar à manivela da vida,
se ir por aí e ser Rei de tudo o que não é meu.

Lisboa, Novembro 1939

Moment of Poetry

If I write or read or draw or paint,
I soon feel I am way behind
regarding what I owe to eternity,
that I start to push time ahead
and I push it, I push it brutally,
like someone who is late pushes it,
until I'm tired and judge myself satisfied.
(So alike are
fatigue and satisfaction!)
In exchange, if I go that way
I am so intelligent to see everything that doesn't concern me,
I understand very well that which doesn't pertain to me,
I feel myself the boss of that which is outside myself,
I give very biblical counsel to those afflicted of an affliction that is not mine,
that, honestly, I don't know which is better:
to stay alone at home and crank the handle of life,
or go out there and be the King of all that isn't mine.

                Lisbon, November 1939

"esta grandeza de não a ter"

esta grandeza de não a ter
é mais pequena que a de não desejar tê-la

e se o preço de participar é grandeza
não contem comigo
não participo
não participo nem contra grandeza

nasci ar
em forma de gente

nasci luz
em forma de gente

não me compreendo
e respiro-me
e vejo-me textual

a forma de gente faz-me agir fora do que nasci ar
fora do que nasci luz

e nasci ar para forma de gente
e nasci luz para forma de gente

nasci antes de mim
antes de forma de gente

era génio antes de nascer
em forma de gente

a forma de gente não me deixa ser o génio que nasci

this greatness of not having it

this greatness of not having it
is smaller than the one of not desiring to have it

and if the price to participate is greatness
don't count on me
I won't participate
I won't participate even against greatness

I was born air
in the form of a man

I was born light
in the form of a man

I don't understand myself
and I breathe myself
and I see myself textually

the form of a man makes me act outside of having been born air
outside of having been born light

and I was born air for the form of a man
and I was born light for the form of a man

I was born prior to me
before the form of a man

I was a genius before I was born
in the form of a man

the form of a man doesn't allow me to be the genius I was born

"Coimbra"

Coimbra
Coimbra universitária, bem entendido!
Odeio-te
finges de cabeça
e não és senão o lugar dela.
A única vez que me referi a Coimbra disse:
os palermas de Coimbra.
É a minha opinião.
A única pessoa de interesse que conheci em Coimbra
foi a dona de uma casa de mulheres
todos os outros eram cultos
admiravam os grandes vultos
e desconheciam os pequenos
como se estes não fossem uma projeção dos grandes.
Coimbra
Coimbra universitária, bem entendido!
Tu consegues não ser estúpida
nem inteligente
és Coimbra.
Tamanha identificação urbana
jamais no mundos se viu.

Coimbra

Coimbra
University of Coimbra, let it be understood!
I hate you
you pretend to be the head
and you are no more than its place.
The only time I made reference to Coimbra I said:
the dopes of Coimbra.
That's my opinion.
The only person of interest that I met in Coimbra
was the owner of a house of women
all the others were cultured entities
who admired great personalities
and were ignorant of the little people
as though they were not a projection of the great ones.
Coimbra
University of Coimbra, let it be understood!
You are adept at not being stupid
or intelligent
you're Coimbra.
Such immense urban identification
has never been seen in the world.

Twentieth Century
(Born in the 1920s)

Século XX
(Nascidos nos anos 20)

Francisco José Tenreiro
(1921–1963)

Francisco José Tenreiro, cientista, professor universitário, ensaísta e poeta, nasceu dum pai português e de uma mãe africana a 20 de Janeiro de 1921 em São Tomé. Foi o primeiro poeta de ascendência africana a incorporar as imagens e o vocabulário africano nos seus versos, por isso é-lhe reconhecida a primazia de apresentar o tema da *negritude* na literatura portuguesa.

Altamente instruído e um leitor muito versado, recebeu o doutoramento em geografia da Universidade de Lisboa, e sua dissertação foi premiada pela Academia de Ciência de Lisboa. Tenreiro exerceu o magistério numa carreira académica distinguida, ensinando no Centro de Estudos Geográficos de Lisboa onde, além do seu estudo pioneiro sobre a geografia de São Tomé, publicou *Panorama da literatura norte-americana,* e mais de duas dúzias de monografias e estudos científicos.

Tenreiro deu um tratamento congenial das pessoas comuns, o que personalizou as culturas negra e mulata e promoveu uma consciência das suas histórias e dos seus desafios, aumentando e enriquecendo assim os temas abordados pela atual corrente da poesia portuguesa. Embora se opusesse ao regime de Salazar, os seus poemas são menos estridentes que os poemas de protesto que foram escritos posteriormente contra o governo colonial. Tenreiro faleceu no dia 31 de Dezembro de 1963 em Lisboa, Portugal, mais de uma década antes de São Tomé e Príncipe se tornar uma nação independente no dia 12 de Julho de 1975.

Francisco José Tenreiro
(1921–1963)

Francisco José Tenreiro, scientist, university professor, essayist and poet, was born of a Portuguese father and an African mother on January 20, 1921 in São Tomé. He was the first poet of African heritage to incorporate African images and vocabulary into his verses and is thus credited with introducing *negritude* into Portuguese literature.

An educated and widely read man, he obtained his Ph.D. in geography from the University of Lisbon and his dissertation received a prize from the Lisbon Academy of Science. Tenreiro had a distinguished academic career teaching at the Center for Geographic Studies of Lisbon. There, in addition to his pioneering study on the geography of São Tomé, he published *A Panoramic View of North American Literature,* and over two-dozen monographs and articles in various scientific venues.

Tenreiro's sympathetic treatment of the common people in his poetry, personalized the black and mulatto cultures and raised awareness of their histories and challenges, thus expanding and enriching the subject matter of mainstream Portuguese poetry. Although very much opposed to the Salazar regime, his poems are less strident than the poems of protestation against colonial rule that others wrote later. He died December 31, 1963, in Lisbon, Portugal, more than a decade before São Tomé e Príncipe became an independent nation on July 12, 1975.

Romance de Sinhá Carlota

Na beira do caminho
Sinhá Carlota
está pitando no seu cachimbo.

Um círculo de cuspo
a seu lado...

Veio do Sul
numa leva de contratados.
Teve filhos negros
que trocam hoje o peixe
por cachaça.

Teve filhos mestiços.
Uns
forros de a. b. c.
perdidos em rixas de navalhas.
Outros foram no Norte
com seus pais brancos
e o seu coração
já não lembra o rostinho deles!

Forro: Nome da mais falada língua crioula derivada do português do século XVI e de línguas africanas. Também o nome do maior grupo étnico de São Tomé, que descende de escravos libertos no século XVI e de mulatos nascidos da união de brancos e das suas escravas africanas.

a.b.c.: Empresa de construção cuja especialização são prédios públicos, localizada no sítio Bobô Forro, na ilha de São Tomé.

The Ballad of Missy Carlota

At the edge of the road
Missy Carlota
is sucking on her pipe.

A circle of spit
at her side . . .

She came from the South
with a group of contract workers.
She had black babies
who today trade fish
for rum.

She had mulatto babies.
Some
Forros of a. b. c.
lost in knifing rivalries.
Others went up North
with their white fathers
and her heart
no longer remembers their little faces!

Forro: Name of the most widely spoken creole language derived from sixteenth century Portuguese and African languages. Also the name of the major ethnic group of São Tomé, descended from freed African slaves of the sixteenth century and from mulattos born to white men and their African slave women.

a.b.c.: A construction company that specializes in public buildings, located on the plantation of Bobô Forro, on the island of São Tomé.

Francisco José Tenreiro

Sinhá Carlota
veio há muito do Sul
numa leva de contratados...

Assim
embora pra seu branco
o seu corpo não baile mais no *sòcòpé*
ele ao passar
fica sempre dizendo:
    sàbuà?

Sinhá Carlota
nos olhos cansados e vermelhos
solta um *achô* distante
enquanto vai pitando
no seu cachimbo carcomido...

Sòcòpé: Dança tradicional de São Tomé para homens e mulheres.
    Vem do português "só com o pé."
Sàbuà: Cumprimento são tomense; "Vai bem?"
Achô: Do verbo português achar.

Francisco José Tenreiro

Missy Carlota
came long ago from the South
with a group of contract workers . . .

And now
although for her white man
her body no longer dances *sòcòpé*
he when he passes by
still keeps on saying:
    sàbuà?

Missy Carlota
with her tired and red eyes
lets loose a distant *achô*
while continuing to suck
on her worm-eaten pipe . . .

Sòcòpé: Traditional dance of São Tomé for men and women. From the Portuguese "só com o pé" (only with the foot).
Sàbuà: A greeting in São Tomense; "How are you?"
Achô: From the Portuguese verb "achar" (to think or to find).

Francisco José Tenreiro

Logindo o ladrão

Os olhos de Logindo
saltam a noite
como dois bichinho luminosos.

Chiu!
Só o eco do mar!

O corpo de Logindo
segue os olhos
como *caçô* atrás de homem!

Chiu!
Só o rumor do palmar!

A mão de Logindo
estendeu-se à frente
os olhos saltando na noite!

Ui!
Um tiro de carabina!

O coração de Logindo
começou batendo
e a navalha cantou de encontro à pele.

Hum!
Um tiro de carabina!

Logindo fechou um olho.
Depois o outro,
O branco o perdeu na escuridão!...

Ah!
Só o ronco-ronco do mar!

Caçô: Cão

Logindo the Thief

Logindo's eyes
sparkle in the night
like two luminous fireflies.

Hush!
Only the echo of the sea!

Logindo's body
follows his eyes
like a dog after a man!

Hush!
Only the rustle of the palm grove!

Logindo's hand
reached out in front
his eyes sparkling in the night!

Ui!
A rifle shot!

Logindo's heart
began beating
and the knife sang as it found skin.

Hum!
A rifle shot!

Logindo closed one eye.
Then the other.
The white man lost him in the darkness! . . .

Ah!
Only the roar-roar of the sea!

Fragmento de blues
A Langston Hughes

    Vem até mim
nesta noite de vendaval na Europa
pela voz solitária de um trompete
toda a melancolia das noites de Geórgia:
    oh! mamie oh! mamie
    embala o teu menino
    oh! mamie oh! mamie
    olha o mundo roubando o teu menino.

    Vem até mim
ao cair da tristeza no meu coração
a tua voz de negrinha doce
quebrando-se ao som grave dum piano
    tocando em Harlem:
    —Oh! King Joe
        King Joe
    Joe Louis bateu Buddy Baer
    e Harlem abriu-se num sorriso branco.

Nestas noites de vendaval na Europa
Count Basie toca para mim
e ritmos negros da América
encharcam meu coração;
    —ah! ritmos negros da América
    encharcam meu coração!

E se ainda fico triste
Langston Hughes e Countee Cullen
    Vêm até mim
Cantando o poema do novo dia
    —ai! os negros não morrem
    nem nunca morrerão!

A Fragment of Blues

For Langston Hughes

      Coming to me
on this stormy night in Europe
through the solitary wail of a trumpet
is all the melancholy of nights in Georgia:
    oh! Mamie oh! Mamie
    rock your baby boy
    oh! Mamie oh! Mamie
    watch the world robbing your boy.

      Coming to me
when the blues fill my heart
is your sweet young Black woman's voice
breaking-up to the grave sounds of a piano
    playing in Harlem:
    —Oh! King Joe
        King Joe
    Joe Louis beat Buddy Baer
and Harlem opened wide into a broad White smile.

On these stormy nights in Europe
Count Basie plays for me
and Negro rhythms from America
flood my heart;
    —ah! Negro rhythms from America
    flood my heart!

And if I've still got the blues
Langston Hughes and Countee Cullen
    Come to me
Singing the poem of the new day
    —ah! Negroes don't die
    nor never will die!

..... logo com eles quero cantar
logo com eles quero lutar
  —ai! os negros não morrem
  nem nunca morrerão!

. . . .

> . . . and right away I want to sing with them
> and right away I want to fight with them
> 	—ah! Negroes don't die
> 	nor never will die!
>
> . . . .

Abraham Lincoln

Negros de carapinha branca
levantaram braços esguios ao céu
e crianças balbuciaram espirituais;

E um rachador de lenha
suspendeu o machado no ar
e quis viver seus cantos de amargura:

Lincoln os brancos o chamaram;
Abraham os negros disseram!

Abraham Lincoln

Negroes with kinky white hair
raised slender arms to heaven
and children babbled spirituals;

And a wood cutter
suspended his axe in the air
and wished to live his sorrowful songs:

Lincoln the Whites called him;
Abraham the Negroes said!

Poente

Envolve-se pudicamente o Sol nos lençóis do mar
e súbito vem a noite. Muito súbito e muito rápido.
Logo no céu de cabelos revoltos a lua nasce
banhando de sossego a cidade escaldada
donde se evolam os fumozinhos da humidade.

Das mangueiras nascem morcegos da vigília:
poetas mamíferos a quem a noite dá asas
acompanhando nos sonhos os poetas das insónias.

E a cidade adormece para o vício e para o amor!

Sunset

The Sun slips modestly between the sheets of the sea
and suddenly night falls. Very suddenly and very rapidly.
Right away in the sky the moon is born with tousled hair
bathing the heat-filled city with calmness
from whence the smoke of humidity rises.

From the mango trees sentinel bats are born:
mammalian poets to whom the night gives wings
to accompany the dreams of the insomniac poets.

And the city falls asleep to vices and to love making!

Canção do mestiço

Mestiço!

Nasci do negro e do branco
e quem olhar para mim
é como que se olhasse
para um tabuleiro de xadrez:
a vista passando depressa
fica baralhando cor
no olho alumbrado de quem me vê.

Mestiço!

E tenho no peito uma alma grande
uma alma feita de adição
como 1 e 1 são 2.

Foi por isso que um dia
o branco cheio de raiva
contou os dedos das mãos
fez uma tabuada e falou grosso:
—mestiço!
a tua conta está errada.
Teu lugar é ao pé do negro.

Ah!
    Mas eu não me danei...
e muito calminho
arrepanhei o meu cabelo para trás
fiz saltar fumo do meu cigarro
cantei do alto
a minha gargalhada livre
que encheu o branco de calor!...

Francisco José Tenreiro

The Mestizo's Song

Mestizo!

I was born from black and from white
and whoever looks at me
it's like looking
at a chess board;
with a quick look
the colors run together
in the enlightened eye of the beholder.

Mestizo!

And here in my heart I've a large soul
a soul conceived in addition
like 1 and 1 are 2.

And that's why one day
the white man full of rage
counted on the fingers of his hand
produced a multiplication table and spoke rudely:
—mestizo!
You counted wrong.
Your place is next to the black man.

Ah!
    But I didn't get mad . . .
and very calmly
I just wrinkled my hair straight back
puffed smoke from my cigarette
and loudly sang out
my belly laugh of freedom
which filled the white man with heat! . . .

Francisco José Tenreiro

Mestiço!

Quando amo a branca
           sou branco...
Quando amo a negra
           sou negro

                Pois é...

Mestizo!

When I love the white girl
                I'm white . . .
When I love the black girl
                I'm black

                        Of course . . .

Francisco José Tenreiro

Romance de Sã Márinha

Sã Márinha
a que menina foi no norte
chegou naquele navio à ilha.

Risadas brancas
e goles de champagne!

À hora do espalmadoiro
os moços do comércio
passaram de gravatas garridas.
O monhé chegou na porta
e limpou o suor
ao lenço *di* seda que importou do Japão!

Ai!
    Aquela que chegou na ilha
como uma risada branca
está fechando a carinha à terra.

Braços pendentemente tristes
só os olhinhos
estão pulando pra lá da fortaleza
querendo ver a Europa!...

Ballad of Sã Márinha

Sã Márinha
the one who as a girl went up north
arrived in that ship at the island.

White laughter
and gulps of champagne!

When splaying-time arrived
the young businessmen
would pass by in their stylish ties.
The *Portugee* arrived at the door
and wiped the perspiration
with *da* silk handkerchief he'd imported from Japan!

Oh!
    That girl who arrived at the island
like white laughter
is frowning at the ground.

Her arms hang sadly at her sides
only her little eyes
sparkle out beyond the fortress
wishing to see Europe! . . .

1619

Da terra negra à terra vermelha
por noites e dias fundos e escuros,
com os teus olhos de dor embaciados,
atravessaste esse manto de água verde
    —estrada de escravatura
    comércio de holandeses

Por noites e dias para ti tão longos
e tantos como as estrelas no céu,
tombava o teu corpo ao peso de grilhetas e chicote
e só ritmo de chape-chape da água
acordava no teu coração a saudade
da última réstia de areia quente
e da última palhota que ficou para trás.

E já os teus olhos estavam cegos de negrume
já os teus braços arroxeavam de prisão
já não havia deuses, nem batuques
para alegrarem a cadência do sangue nas tuas veias
quando ela, a terra vermelha e longínqua
se abriu para ti
    —e foste 40 L esterlinas
    em qualquer estado do Sul—

1619

From the black land to the red land
deep and dark nights and days,
with your eyes dulled with pain,
you crossed that green mantle of water
    —the highway of slavery
    the commerce of the Dutch

By night and by day which for you were so long
and as many as the stars in the sky
your body fell under the weight of the manacles and whip
and only the rhythm of the lap-lap of the water
awoke in your heart the nostalgia
of the last bit of warm sand
and the last straw hut that remained behind.

Already your eyes were blinded by the darkness
already your arms were black and blue from the prison
there were no more gods, nor drums
to enliven the cadence of the blood pulsating in your veins
when she, the red and distant land
opened her arms to receive you
    —and you were 40 £ sterling
    in any Southern state—

Francisco José Tenreiro

Romance de Seu Silva Costa

"Seu Silva Costa
chegou na ilha..."

Seu Silva Costa
chegou na ilha:
calcinha no fiozinho
dois moeda de ilusão
e vontade de voltar.

Seu Silva Costa
chegou na ilha:
fez comércio *di* álcool
fez comércio *di* homem
fez comércio *di* terra.

Ui!
    Seu Silva Costa
virou branco grande:
su calça não é fiozinho
e sus moeda não têm mais ilusão!...

Ballad of Mr. Silva Costa

"Mr. Silva Costa
arrived at the island . . . "

Mr. Silva Costa
arrived at the island:
thread bare britches
two coins of illusion
and the desire to return.

Mr. Silva Costa
arrived at the island:
he *make de* business of alcohol
he *make de* business of men
he *make de* business of land.

Wow!
    Mr. Silva Costa
became a great white man:
de britches ain't thread bare
and *de* coins ain't no longer illusion! . . .

⩔ Maria Manuela Margarido
(1925–2007)

Maria Manuel da Conceição Carvalho Margarido, poeta, ativista político e embaixadora, nasceu à 11 de Setembro de 1925, na roça Olímpia na Ilha do Príncipe, e faleceu em Lisboa à 10 de Março de 2007 aos 82 anos. Sempre orgulhosa de sua herança racial mista (portuguesa e africana), ela viveu e estudou por muitos anos em Portugal onde se formou da Escola Superior de Teatro e Cinema, com ênfase em filmes etnográficos; subsequentemente formou-se da Sorbonne em Paris da École Pratique des Hautes Études em ciências religiosas.

Enquanto estudante em Lisboa, Manuela Margarido participou ativamente na luta contra o governo repressivo de Salazar, e publicou alguns dos primeiros poemas na revista *Mensagem* da Casa dos Estudantes do Império, organização patrocinada pelo governo para os estudantes de todas as colónias além-mar. Sua participação no movimento de libertação a levou a ser presa em 1962 pela PIDE, a polícia secreta do governo. Casou-se com o escritor e crítico Alfredo Margarido, e durante muitos anos viveram no exílio na França onde trabalhou pelo Teatro Português de Paris, e serviu como secretária da Liga Portuguesa de Educação e Cultura Popular. Após a independência, Manuela Margarido foi embaixadora de São Tomé e Príncipe na Bélgica, e membro de muitas organizações internacionais culturais e cívicas.

Seu primeiro e único volume de poesia se intitula *Alto como o silêncio,* publicado em Lisboa em 1957. Os temas poéticos de Maria Manuela Margarido incluem pinceladas líricas da flora e fauna da sua ilha, memórias do trabalho árduo e a miséria em que viviam os são-tomenses nas roças do café e do cacau—um vivo contraste com a beleza natural da Ilha do Príncipe—sua crítica e oposição ao sistema colonial e o desejo pela independência.

Maria Manuela Margarido
(1925–2007)

Maria Manuela da Conceição Carvalho Margarido, poet, political activist, and ambassador, was born September 11, 1925, on the Olympia Plantation of the Island of Príncipe, and died in Lisbon March 10, 2007, at the age of 82. Proud of her mixed-racial heritage (Portuguese and African), she lived and studied for many years in Portugal where she graduated from the Lisbon Theater and Film School with an emphasis in film ethnography; she subsequently graduated from the Sorbonne of Paris in the École Pratique des Hautes Études of religious sciences.

While studying in Lisbon she was active in both politics and literature at the Casa dos Estudantes do Império (House of the Students of the Empire), the government-sponsored organization for students from all its overseas colonies, and published some of her first poetry in its journal, *Mensagem*. Her involvement with the liberation movement got her arrested in 1962 by the PIDE, the Salazar government's secret police. She married writer-critic Alfredo Margarido, and for many years they lived in exile in France, where she was involved with the Portuguese Theater of Paris, and served as secretary for the Portuguese League of Education and Popular Culture. After independence was achieved, she served as the Ambassador of São Tomé and Príncipe in Belgium, and was a member of many international cultural and civic organizations.

Her first and only volume of poetry is entitled *Alto como o silêncio,* published in Lisbon in 1957. Maria Manuela Margarido's themes include lyrical brush strokes of the flora and fauna of her homeland, memories of the hard life of the working poor on the coffee and cacao plantations—which contrasts sharply with the natural beauty of the Island of Príncipe—her criticism and opposition to the colonial system, and her desire for independence.

Sòcòpé

Os verdes longos da minha ilha
são agora a sombra do ocá,
névoa da vida,
nos dorsos dobrados sob a carga
(copra, café ou cacau—tanto faz).
Ouço os passos no ritmo
calculado do sòcòpé
os pés-raízes-da-terra
enquanto a voz do coro
insiste na sua queixa
(queixa ou protesto—tanto faz).
Monótona se arrasta
até explodir
na alta ânsia de liberdade.

Sòcòpé: Dança tradicional de São Tomé para homens e mulheres. Vem do português "só com o pé."

Sòcòpé

The extensive verdures of my island
are now the shadow of the ocá tree,
mists of life,
on the bent-over backs carrying burdens
(copra, coffee or cocoa—it's all the same).
I hear their footsteps in the calculated
rhythm of the sòcòpé,
the feet-roots-of-the-earth
while the voice of the chorus
insists in its complaint
(complaint or protest—it's all the same).
It will drag itself along monotonously
until it explodes
in the high hopes of freedom.

Sòcòpé: Traditional dance of São Tomé for men and women. From the Portuguese "só com o pé" (only with the foot).

Roça

A noite sangra
no mato,
ferida por uma aguda lança
de cólera.
A madrugada sangra
de outro modo:
é o sino da alvorada
que desperta o terreiro.
É o feitor que começa
a destinar as tarefas
para mais um dia de trabalho.

A manhã sangra ainda:
salsas a bananeira
com um machim de prata;
capinas o mato
com um machim de raiva;
abres o coco
com um machim de esperança;
cortas o cacho de andim
com um machim de certeza.

E à tarde regressas
à sanzala;
a noite esculpe
os seus lábios frios
na tua pele.
E sonhas na distância
uma vida mais livre,
que o teu gesto
há-de realizar.

Plantation

The night bleeds-out
in the bush
wounded by a sharp lance
of anger.
The dawn of day bleeds
another way:
it's the morning bell
that awakens
the settlement.
It's the foreman who begins
to distribute the tasks
for one more day of work.

The morning still bleeds:
you slice the banana tree
with a machine of silver;
you cut down the vegetation
with a machine of madness;
you split open the coconut
with a machine of hope;
you cut off the stock of the *andim* palm tree
with a machine of certitude.

And in the evening
you return to the worker's quarters;
the nighttime sculpts
its cold lips
on your skin.
And you dream in the distance
of a freer life,
which your gessture
will one day surely accomplish.

Paisagem

Entardecer... capim nas costas
do negro reluzente
a caminho do terreiro.
Papagaios cinzentos
explodem na crista das palmeiras
e entrecruzam-se no sonho da minha infância,
na porcelana azulada das ostras.
Alto sonho, alto
como o coqueiro na borda do mar
com os seus frutos dourados e duros
como pedras oclusas
oscilando no ventre do tornado,
sulcando o céu com o seu penacho
doido.
No céu perpassa a angustia austera
da revolta
com suas garras suas ânsias suas certezas.
E uma figura de linhas agrestes
se apodera do tempo e da palavra.

Landscape

Eventide . . . grass on the back
of the glistening Black man
on his way to the settlement.
Grey parrots
exploding in the tops of the palm trees
and crisscross into the dreams of my childhood,
in the azure porcelain of oysters.
Tall dreams, tall
like the coconut tree at the edge of the sea
with its fruits golden and hard
like occlusive stones
oscillating in the womb of the tornado,
plowing the sky with its mad
plume.
In the heavens austere anguish passes by
in revolt
with its claws its anxiousness its certainties.
And a wild-looking figure
takes charge of time and words.

Vós que ocupais a nossa terra

É preciso não perder
de vista as crianças que brincam:
a cobra preta passeia fardada
à porta das nossas casas.
Derrubam as árvores fruta-pão
para que passemos fome
e vigiam as estradas
receando a fuga do cacau.
A tragédia já a conhecemos:
a cubata incendiada,
o telhado de andala flamejando
e o cheiro do fumo misturando-se
ao cheiro do andu
e ao cheiro da morte.
Nós nos conhecemos e sabemos,
tomamos chá do Gabão,
arrancamos a casca do cajueiro.
E vós, apenas desbotadas
máscaras do homem,
apenas esvaziados fantasmas do homem?
Vós que ocupais a nossa terra?

You Who Occupy Our Land

It's important not to loose
sight of the children at play:
the black snake strolls about in uniform
at the doors of our homes.
They knock down the breadfruit trees
so that we'll go hungry
and they watch over the roads
fearing the flight of the cacao.
We are already acquainted with tragedy:
our shacks set on fire,
the roof of *andala* palm fronds in flames
and the smell of smoke mixed with
the smell of the *andu* shrub
and the smell of death.
We know each other and ourselves,
we drink tea from Gabon,
we strip away the peeling of the cashew tree.
And you, merely discolored
masks of men,
merely empty ghosts of men?
You who occupy our land?

Memória da Ilha do Príncipe

Mãe, tu pegavas charroco
nas águas das ribeiras
a caminho da praia.
Teus cabelos eram lembas-lembas
agora distantes e saudosas,
mas teu rosto escuro
desce sobre mim.
Teu rosto, liliácea
irrompendo entre o cacau,
perfumando com a sua sombra
o instante em que te descubro
no fundo das bocas graves.

Tua mão cor de laranja
oscila no céu de zinco
e fixa a saudade
com uns grandes olhos taciturnos.

(No sonho do Pico as mangas percorrem a órbita lenta
das orações dos ocás e todas as feiticeiras desertam
a caminho do mal, entre a doçura das palmas).
Na varanda de marapião
os veios da madeira guardam
a marca dos teus pés leves
e lentos e suaves e próximos.
E ambas nos lançamos
nas grandes flores de ébano
que crescem na água cálida
das vozes clarividentes
enchendo a nossa África
com sua mágica profecia.

Memory of the Island of Príncipe

Mother, you would catch *charroco* fish
in the waters by the riverbanks
on the way to the shore.
Your hair was like the *lembas-lembas* vine
now distant and nostalgically remembered,
but your dark face
descends over me.
Your face, lilac-like
flowering among the cacao,
perfuming with its shadow
the instant when I discovered you
at the back of the grave mouths.

Your orange colored hand
oscillates in a zinc colored sky
and pinpoints the longing
with large taciturn eyes.

(In the dream of Pico the mangos survey the slow orbit
of the prayers of the *ocá* shaman and all the witches desert
on their way to do evil, among the sweetness of the palms).
On the veranda of Marapião
the grains of the wood retain
the mark of your light and
slow and soft nearby feet.
And the two of us throw ourselves
into the large ebony flowers
that grow in the warm waters
of the clairvoyant voices
filling our Africa
with its magical prophecy.

Serviçais

O aroma dos mamoeiros
desde a grota.
Os moleques sonham cazumbis
nas lajes do secador.
Lenta, a narrativa
dos serviçais sentados
no limiar da esperança
é palanca negra a derrubar
paliçadas e fronteiras,
palanca a devorar a distância,
a regressar a Angola,
aos muxitos do Sul;
é chuva grossa
empapando os campos de Cabo Verde,
a germinar o milho da certeza.

Trazem na pele tatuada
a hierarquia das relíquias
alimentando-se de um sangue
desprezado
que elege os magistrados
da morte.
Amanhã os clamores da resta
acordarão as longas avenidas
de braços viris
e a terra do Sul
será de novo funda e fresca
e será de novo sabe
a terra seca de Cabo Verde,
livres enfim os homens
e a terra dos homens.

Contract Workers

The aroma of the papaya trees
coming from the grotto valley.
The young boys dream of *cazumbi* spirits
on the flagstones used for drying.
Slowly, the narrative
of the seated workers
on the edge of hope
is of a black lever about to bring down
the stockades and frontiers,
a lever devouring the distance,
to return to Angola,
to the forests of the South;
it is a heavy rain
soaking the fields of Cape Verde,
causing to germinate the corn of certainty.

They carry in their tattooed skin
the hierarchy of relics
feeding on one despised
blood
that elects the magistrates
of death.
Tomorrow the clamor of the remainder
will awaken the long avenues
of virile arms
and the land of the South
will once again be deep and fresh
and will once again be full of savor
the dry land of Cape Verde,
the men free at last
and the land of the men.

▼ Alda Espírito Santo
(1926–2010)

Alda Neves da Graça do Espírito Santo, professora, poeta, prosadora, ativista política e administradora governamental, nasceu a 30 de Abril de 1926 em São Tomé de uma família aristocrática e católica São-tomense de raça mista (João da Graça do Espírito Santo [1891–1944] e de Maria de Jesus Agostinho das Neves [1902–2001]) e faleceu no dia 9 de Março de 2010 em Luanda, Angola aos 83 anos. Como jovem estudante universitária viajou a Portugal e lá diplomou-se com o curso do magistério primário. Enquanto estudante em Lisboa, tornou-se amiga de quase todos os líderes africanos que lutavam pela independência, como membro da Casa do Estudante do Império, incluindo Amílcar Cabral (da Guiné-Bissau), Agostinho Neto (de Angola) e Marcelino dos Santos (de Moçambique). Devido à atividade política que então desenvolveu, foi detida e levada à prisão em 1965 pela PIDE, a polícia secreta de Portugal. Com exceção de curtas viagens ao exterior, e os anos de estudos em Portugal, ela viveu quase toda a sua vida em São Tomé, onde se dedicou ao ensino como profissão e nunca casou.

Após a conquista da independência do seu país a 12 de Julho de 1975, Alda Espírito Santo foi nomeada Presidente da Assembleia Constituinte e autora do Hino Nacional "Independência Total". Mais tarde desempenhou os cargos de Ministra da Educação e Cultura, Ministra da Informação e Cultura e posteriormente Presidente da União Nacional dos Escritores e Artistas de São Tomé e Príncipe (UNEAS), que ela mesma fundou em 1985. Também foi fundadora e Presidente da Liga dos Escritores dos Cinco, que abrigava escritores das cinco nações africanas cuja língua oficial é português.

Como acérrima defensora e combatente contra os abusos do sistema colonial, sua poesia reflete a causa da liberdade. Alda Espírito Santo dedicou sua vida ao melhoramento de seus conterrâneos através da educação; também foi ativa na preservação da cultura tradicional São-tomense e sempre encorajando a criatividade literária. Hoje sua casa foi transformada em museu; Casa-Museu Alda do Espírito Santo.

Alda Espírito Santo
(1926–2010)

Alda Neves da Graça do Espírito Santo, teacher, poet, prose writer, political activist, and government official, was born in São Tomé on April 30, 1926, of an aristocratic, Catholic family of mixed racial heritage (João da Graça do Espírito Santo [1891–1944] and of Maria de Jesus Agostinho das Neves [1902–2001]), and died March 9, 2010, in Luanda, Angola, at the age of 83. As a young adult she travelled to Portugal for her university degree and graduated as an elementary school teacher. While in Lisbon, she became friends with virtually all the leaders of the independence movement in association with the Casa do Estudante do Império, including Amílcar Cabral (from Guinea-Bissau), Agostinho Neto (from Angola), and Marcelino dos Santos (from Mozambique). Her involvement in the struggle for independence got her arrested in 1965 by the PIDE, Portugal's secret police, and she was sent to prison. Except for short visits abroad, and the more lengthy stay for her studies in Portugal, she lived in São Tomé most all of her life, where she made teaching her life's profession and never married.

When independence was achieved on July 12, 1975, Alda Espírito Santo was chosen President over the Constitutional Assembly, and asked to write the words to the National Anthem of the new nation "Total Independence." Later she was appointed Minister of Education and Culture, then Minister of Information and Culture, and still later became the President of the National Union of Writers and Artists of São Tomé & Príncipe (UNEAS), which she founded in 1985. She was also the founder and first president of the League of Five, an organization of writers from the five African countries whose official language is Portuguese.

An outspoken critic of the abuses of the colonial system, her poetry champions the cause of liberty. Alda Espírito Santo dedicated her life to the betterment of her fellow-citizens through education; she was also actively engaged in the preservation of traditional São Tomé culture, and she was always encouraging literary creativity. Today her home has been turned into a museum named in her honor.

Lá no Água Grande

Lá no "Água Grande" a caminho da roça
negritas batem que batem co'a roupa na pedra.
Batem e cantam modinhas da terra.

Cantam e riem em riso de mofa
histórias contadas, arrastadas pelo vento.

Riem alto de rijo, com a roupa na pedra
e põem de branco a roupa lavada.

As crianças brincam e a água canta.
Brincam na água felizes...
Velam no capim um negrito pequenino.

E os gemidos cantados das negritas lá do rio
ficam mudos lá na hora do regresso...
Jazem quedos no regresso para a roça.

Out in Água Grande

Out in "Água Grande" on the road to the plantation
young black girls beat and beat clothes against the rock.
They beat and sing songs of the land.

They sing and laugh and poke fun with a smile
recounting stories, carried away by the wind.

They double over with laughter, with the clothes on the rock
and they whiten-up the clothes they've washed.

The children play and water sprays its song.
Happily they play in the water . . .
They keep watch over a little black boy in the grass.

And the sighing songs sung by the young black girls there on the river
turn to silence when it's time to return . . .
They remain quiet on the return back to the plantation.

Para lá da praia

Baia morena da nossa terra
vem beijar os pezinhos agrestes
das nossas praias sedentas,
e canta, baía minha
os ventres inchados
da minha infância,
sonhos meus, ardentes
da minha gente pequena
lançada na areia
da Praia Gamboa morena
gemendo na areia
da Praia Gamboa.

Canta, criança minha
teu sonho gritante
na areia distante
da praia morena.

Teu teto de andala
à berma da praia.

Teu ninho deserto
em dias de feira.

Beyond the Beach

Brown bay of our land
come kiss the wild feet
of our thirsty shores,
and sing, my brown bay
of the swollen bellies
of my childhood,
ardent, my dreams
of my little people
thrown on the sand
of the brown Gamboa Beach
moaning on the sand
of the Gamboa Beach.

Sing, my child
your scream-filled dream
on the distant sand
of the brown beach land.

Your roof of *andala* palm fronds
on the berm of the beach.

Your nest that's deserted
on each market day.

Mamã tua, menino
na luta da vida
gamã pixi à cabeça
na faina do dia
maninho pequeno, no dorso ambulante
e tu, sonho meu, na areia morena
camisa rasgada
no lote da vida,
na longa espera, duma perna inchada
Mamã caminhando com o peso da vida
Mamã caminhando pra venda do peixe
e tu, na canoa das águas marinhas . . .

—Ai peixe à tardinha
       na minha baía . . .
Mamã minha serena
       na venda do peixe.

gamã pixi: Vasilha onde as peixeiras transportam o peixe

Mama your, little boy
in the fight for life
gamã pixi on your head
the chore for the day
little brother, on your ambulant back
and you, my dream, on the brown sand
with torn shirt
the lot of one's life,
the long wait, of a swollen leg
Mama walking with the weight of life
Mama walking to the fish sale
and you, in the canoe of the marine waters . . .

—Oh fish at evening
       in my bay . . .
My serene Mama
       at the fish sale.

gamã pixi: bowl the fishwomen use to transport the fish

Em torno da minha baía

Aqui, na areia,
sentada à beira do cais da minha baía
do cais simbólico, dos fardos,
das malas e da chuva
caindo em torrente
sobre o cais desmantelado,
caindo em ruínas
eu queria ver à volta de mim,
nesta hora morna do entardecer
no mormaço tropical
desta terra de África
à beira do cais a desfazer-se em ruínas,
abrigados por um toldo movediço
uma legião de cabecinhas pequenas,
à roda de mim,
num voo magistral em torno do mundo
desenhando na areia
a senda de todos os destinos
pintando na grande tela da vida
uma história bela
para os homens de todas as terras
ciciando em coro, canções melodiosas
numa toada universal
num cortejo gigante de humana poesia
na mais bela de todas as lições:
               HUMANIDADE.

Around My Bay

Here, on the sand,
seated by the side of the wharf of my bay
of the symbolic wharf, of heavy loads,
of suitcases and of rain
falling torrentially
upon the dismantled wharf,
falling into ruin
I would like to see around me,
on this warm evening
in the tropical sultry weather
of this African land
at the edge of the wharf crumbling into ruin,
protected by a portable canvas
a legion of small heads,
encircling me,
for a majestic flight around the world
drawing in the sand
the pathway of all destinies
painted on the grand canvass of life
a beautiful story
for the inhabitants of all the lands of the earth
whispering in choruses, melodic songs
of a universal refrain
in a gigantic cortege of human poetry
with the grandest most beautiful lesson of all:
        HUMANITY.

No mesmo lado da canoa

As palavras do nosso dia
são palavras simples
claras como a água do regato,
jorrando das encostas ferruginosas
na manhã clara do dia a dia.

É assim que eu te falo,
meu irmão contratado numa roça de café
meu irmão que deixas teu sangue numa ponte
ou navegas no mar, num pedaço de ti mesmo
    em luta com o gandú
Minha irmã, lavando, lavando
p'lo pão dos teus filhos,
minha irmã vendendo caroço
na loja mais próxima
pelo luto dos teus mortos,
minha irmã conformada
vendendo-se por uma vida mais serena,
aumentando afinal as suas penas...

É para vós, irmãos, companheiros da estrada
o meu grito de esperança
convosco eu me sinto dançando
nas noites de tuna
em qualquer Fundão, onde a gente se junta,
convosco, irmãos, na safra do cacau,
convosco ainda, na feira,
onde o isaquente e a galinha vão render dinheiro.
Convosco, impelindo a canoa p'la praia,
juntando-me convosco,
em redor do voador panhá,
juntando-me na gamela
voadô travessá
a dez tostões.

On the Same Side of the Canoe

The words of our day
are simple words
clear like the water in the brook,
gushing down the blighted slopes
on a clear morning of a routine day.

That's how I speak to you,
my contracted brother on a coffee plantation
my brother who leaves his blood on a bridge
or navigates the sea, in a piece of yourself
     fighting with the shark
My sister, washing, washing
to earn bread for the children,
my sister selling fruit pits
in the nearest shop
in mourning for the dead,
my resigned sister
selling herself for a calmer life,
and in the end increasing her sorrows . . .

My shout of hope
is for you, my brothers, companions on the road
with you I feel myself dancing
on festive nights
on any Terrace, wherever the people get together,
with you, brothers, in the harvesting of cocoa,
and with you still, at the market,
where the pinion seed and the chicken will bring-in money.
I'm with you, propelling a canoe by the shore,
joining with you,
in catching flying fish,
joining together at the feeding trough
voadô travessá
at ten cents a scoop.

voadô travessá: flying fish

Alda Espírito Santo

Mas as nossas mãos milenárias
separam-se na areia imensa
desta praia de S. João,
porque eu sei, irmão meu, tisnado como eu,
    p'la vida,
tu pensas, irmão da canoa,
que nós os dois, carne da mesma carne,
batidos p'los vendavais do tornado,
não estamos do mesmo lado da canoa.

Escureceu de repente.
Lá longe no outro lado da Praia
na Ponta de S. Marçal
há luzes, muitas luzes
nos quixipás sombrios . . .
O pito dóxi arrepiante, em sinas misteriosas
convida à unção desta noite feiticeira . . .

Aqui só os iniciados
no ritmo frenético dum batuque de encomendação
aqui os irmãos do Santu
requebrando loucamente suas cadeiras
soltando gritos desgarrados,
palavras, gestos,
na loucura dum rito secular.

Neste lado da canoa, eu também estou, irmão,
na tua voz agonizante, encomendando preces, juras, maldições.

Estou aqui, sim, irmão
nos nozados sem tréguas
onde a gente joga
a vida dos nossos filhos.
Estou, sim, meu irmão,
no mesmo lado da canoa.

But our millennial hands
spread apart in the immense sand
of this beach of S. João,
because I know, my brother, stained like I am,
    by life,
you think, brother of the canoe,
that the two of us, flesh of the same flesh,
buffeted by the storms of the tornados,
that we aren't on the same side of the canoe.

It suddenly grew dark.
Out in the distance on the other side of the Beach
on the Bridge of S. Marçal
there are lights, many lights
in the somber terraces . . .
The chilling flute, mysterious fates
invites all to the anointing of this bewitching evening . . .

Here only the initiated participate
in the frenetic rhythm of a commissioned drum fest
here are the brothers from Santu
swinging their hips in a frenzy
shrieking shrill shouts,
words, gestures,
in this wild centuries-old rite.

I'm also on this side of the canoe, my brother,
in your anguished voice, offering-up prayers, oaths, and curses.

Yes, I'm here, my brother
in the ceremonies to remember the dead that never end
where our people risk
the lives of our children.
I'm here, yes, my brother,
on the same side of the canoe.

Mas nós queremos ainda uma coisa mais bela.
Queremos unir as nossas mãos milenárias,
das docas dos gujindastes
das roças, das praias,
numa liga grande, comprida,
dum pólo a outro da terra
p'los sonhos dos nossos filhos
para nos situarmos todos do mesmo lado da canoa.

E a tarde desce . . .
A canoa desliza serena,
rumo à Praia Maravilhosa
onde se juntam os nossos braços
e nos sentamos todos, lado a lado
na canoa das nossas praias.

But we want something even more beautiful.
We want to join our millennial hands together,
at the docks with the cranes
at the plantations, at the beaches,
in a large and long human chain,
from one earth pole to the other
for the dreams of our children
and to place us all on the same side of the canoe.

And night falls . . .
The canoe glides serenely,
towards Praia Maravilhosa
where our arms will join together
and we will all be seated, side by side
in the canoe of our beaches.

Avó Mariana

Avó Mariana, lavadeira
dos brancos lá da Fazenda.
Chegou um dia de terras distantes
com seu pedaço de pano na cintura
e ficou.
Ficou a Avó Mariana
lavando, lavando, lá na roça
pitando seu jessu
à porta da sanzala
lembrando a viagem dos seus campos de sisal.
Num dia sinistro
p'ra ilha distante
onde a faina do trabalho
apagou a lembrança
dos bois, nos óbitos
lá no Cubal distante.

Avó Mariana chegou
e sentou-se à porta da sanzala
e pitou seu jessu
lavando, lavando
numa barreira de silêncio.

Os anos escoaram
lá na terra calcinante.

—"Avó Mariana, Avó Mariana
é a hora de partir.
Vai rever teus campos extensos
de plantações sem fim".

Grandma Mariana

Grandma Mariana, washerwoman
of the white folks out on the Farm.
She arrived one day from a distant land
with her swath of cloth around her waist
and stayed . . .
Grandma Mariana stayed
washing, washing, way out on the plantation
smoking her clay pipe
at the door of the workers' quarters
recalling the voyage from her land of hemp.
One sinister day
off to the distant island
where the tedious toiling
snuffed out the memory
of the oxen, and the obituaries
of distant Cubal, Angola.

Grandma Mariana arrived
and sat down at the door of the workers' quarters
and smoked her clay pipe
washing, washing
behind a barrier of silence.

The years passed by
out in the calcinatory land.

—"Grandma Mariana, Grandma Mariana
it's time to leave.
Go see your extensive fields
of plantations without end."

—"Onde é a terra di gente?
Velha vem, não volta mais . . .
Cheguei de muito longe,
anos e mais anos aqui no terreiro . . .
Velha tonta, já não tem terra
vou ficar aqui, minino tonto".

Avó Mariana, pitando seu jessu
na soleira do teu beco escuro,
conta Avó Velhinha
teu fado inglório.
Viver, vegetar
à sombra dum terreiro,
não contarás tua história.

Avó Mariana, velhinha minha,
pitando teu jessu
na soleira da sanzala
nada dirás do teu destino . . .
Porque cruzaste mares, avó velhinha,
e te quedaste sozinha
pitando teu jessu?

—"Where is my home?
The old gal came, and will never return . . .
I arrived from far away,
years and years ago here in this land . . .
Silly old gal, I no longer recall my home
I'll just stay here, silly little boy."

Grandma Mariana, smoking on her clay pipe
in the sunlight that brightens her dark alley way,
tell us Old Grandma
of your inglorious fate.
Living, vegetating
in the shade of a plantation building,
you'll not tell your story.

Grandma Mariana, my little old gal,
smoking your clay pipe
in the sunlight of the worker's quarters
you'll not say anything of your destiny . . .
Why did you cross the seas, old grandma,
and stay all by yourself
smoking your clay pipe?

Onde estão os homens caçados neste vento de loucura

O sangue caindo em gotas na terra
homens morrendo no mato
e o sangue caindo, caindo...
nas gentes lançadas no mar...
Fernão Dias para sempre na história
da Ilha Verde, rubra de sangue,
dos homens tombados
na arena imensa do cais.

Ai o cais, o sangue, os homens,
os grilhões, os golpes das pancadas
a soarem, a soarem, a soarem
caindo no silêncio das vidas tombadas
dos gritos, dos uivos de dor
dos homens que não são homens,
na mão dos verdugos sem nome.
Zé Mulato, na história do cais
baleando homens no silêncio
do tombar dos corpos.

Ai Zé Mulato, Zé Mulato.
As vítimas clamam vingança.
O mar, o mar de Fernão Dias
engolindo vidas humanas
está rubro de sangue.
—Nós estamos de pé—
Nossos olhos se viram para ti.
Nossas vidas enterradas
nos campos da morte,
os homens do cinco de Fevereiro
os homens caídos na estufa da morte
clamando piedade
gritando p'la vida,
mortos sem ar e sem água
levantam-se todos
da vala comum

Where Are the Men Caught in This Insane Windstorm

Drops of blood spilling on the earth
men dying in the underbrush
and the blood spilling, spilling . . .
from the people thrown into the sea . . .
Fernão Dias a place that will forever live in the history
of the Green Island, red with blood,
from the fallen men
in the immense arena of the wharf.

Oh the wharf, the blood, the men,
the shackles, the blows of the beatings
resounding, resounding, resounding
falling in the silence of the fallen lives
the screams, the howls of pain
from men who are not men,
in the hands of unnamed executioners.
Zé Mulato, in the story of the wharf
beating men in the silence
of the fallen bodies.

Oh Zé Mulato, Zé Mulato
the victims call for vengeance.
The sea, the sea of Fernão Dias
swallowing human lives
is red with blood.
—We are standing up—
Our eyes are on you.
Our entombed lives
in the fields of death,
the men of February 5th
the men fallen in the hothouse of death
crying for mercy
pleading for their lives,
killed without air and without water
they all arise
from their common grave

Alda Espírito Santo

e de pé no coro de justiça
chamam vingança...

Os corpos tombados no mato,
as casas, as casas dos homens
destruídas na voragem
do fogo incendiário,
as vias queimadas,
erguem o coro insólito de justiça
clamando vingança.
E vós todos carrascos
e vós todos algozes
sentados nos bancos dos réus:
—Que fizeste do meu povo?...
—Que respondeis?...
—Onde está o meu povo?...
E eu respondo no silêncio
das vozes erguidas
clamando justiça...
Um a um, todos em fila...
Para vós, carrascos,
o perdão não tem nome.
A justiça vai soar.
E o sangue das vidas caídas
nos matos da morte,
o sangue inocente
ensopando a terra
num silêncio de arrepios
vai fecundar a terra,
clamando justiça.

É a chamada da humanidade
cantando a esperança
num mundo sem peias
onde a liberdade
é a pátria dos homens...

— Alda Espírito Santo

and standing on their feet in a chorus of justice
call for vengeance . . .

The fallen bodies in the forest,
the houses, the men's houses
engulfed in the destructive
incendiary fire,
the pathways burned,
all raise the singular chorus of justice
calling for vengeance.
And all you executioners
and all you tormentors
seated on the benches of the accused:
—What did you do to my people? . . .
—What answer do you give? . . .
—Where are my people? . . .
And I respond in the silence
of the raised voices
calling for justice . . .
One by one, all in a row . . .
For you, executioners,
forgiveness has no name.
Justice will ring out.
And the blood of the fallen lives
in the killing fields,
the innocent blood
soaking the land
in a silence of hair-raising chills
will fecundate the earth,
demanding justice.

It is a call from humanity
singing of hope
in a world without barriers
where freedom
is the home of mankind . . .

Twentieth Century
(Born in the 1930s and 1940s)

Século XX
(Nascidos nos anos 30 & 40)

António Tomás Medeiros
(1931–)

António Alves Tomás Medeiros, médico, poeta, contista e ativista, como a grande maioria dos seus conterrâneos, é de herança racial mista. Nasceu a 4 de Novembro de 1931 na Ilha de São Tomé. Depois de se formar da Universidade de Lisboa, viajou à União Soviética onde concluiu os seus estudos em medicina no Estado da Crimeia (URSS). Enquanto em Lisboa, participou nas atividades da Casa dos Estudantes do Império, chegando a ser seu secretário. Além de seu envolvimento político no movimento de libertação, participou no sector cultural da Casa, especialmente a literária, e publicou muitos dos seus poemas na sua revista, *Mensagem,* que ele redatava. O Dr. Medeiros viveu em diferentes paragens do globo, nomeadamente Angola, Gana e Argélia antes de decidir ficar permanentemente em Portugal, onde trabalhou numa clínica médica durante muitos anos.

Os poemas de Tomás Medeiros captam os ritmos e a cor local dos pobres e dos trabalhadores de São Tomé, e foram influenciados pelo poeta cubano, Nicolás Guillén, que por sua vez foi influenciado pelo poeta americano, Langston Hughes. Além de escrever em Português, Medeiros escreveu em Forro, o crioulo mais falado em São Tomé. O poema "Maxibim Poçon" que aparece nesta antologia, foi traduzido ao português pelo próprio autor.

❦ António Tomás Medeiros
(1931–)

António Alves Tomás Medeiros, doctor, poet, short-story writer, and activist, as with the majority of his countrymen, is of mixed heritage. He was born November 4, 1931, on the Island of São Tomé. After graduating from the University of Lisbon, he travelled to the Soviet Union where he earned his medical degree in the State of Crimeia (USSR). While in Lisbon, he was very involved with the activities at the Casa dos Estudantes do Império, and rose to be its secretary. In addition to his political involvement with the liberation movement, he was very active in the cultural sector of the Casa, especially with literature, and published many of his poems in its journal *Mensagem,* which he edited. Dr. Medeiros lived in Angola, Algiers, and in Ghana before making his permanent home in Portugal, where he practiced medicine for many years.

    Tomás Medeiro's poems capture the rhythms and local color of the poor and working people of São Tomé, and were influenced by the Cuban poet, Nicolás Guillén, who in turn was influenced by the American poet, Langston Hughes. In addition to writing in Portuguese, Medeiros wrote in Forro, the most widely spoken creole of São Tomé. The poem "Maxibim Poçon" that appears in this anthology, was translated into Portuguese by the author himself.

Maxibim Poçon

Maxibim Poçon tê lôpa
Homè d'ua lôpa tam
X'ê sôbê ê ná ka xê luá fá
Bixi sé sá lôpa cama.

Maxibim Poçon tê póge
Tê iô póge móladô
Cumê compá s'aua tam
Aua ku mina tchócó jaca.

X'ê tê muala kuá daná
Maxibim Poçon mole
Ê ka iôlô lôpa n'culu
Pá muala nab ê suzu lôpa baçu.

Xinhô xigá, kua sá djá féça,
Léguelá d'ua djá tam
Ê ka cumé saiá ventá
Bluga dentche mó clamuzu.

Xinhô bê, dochi tembé
Kua sé na sá kua pota'fa
Homè d'ua lôpa tam
Maxibim Poçon tê lôpa.

A colê ê a bi piá ê!
Canuá ngolá xigá San Zon
Muala blancu dêcê ku djêlo
Maxibim Poçon dá kebla.

Sumuê: bi piá peneta
Peneta nem Maxibim Poçon
Maxibim ka dumini n'sela
Ku lançólô fiá papelu.

Maxibim Poçon

Maxibim Poçon tem um fato
É homem dum fato somente
Se chove não sai de casa
O mesmo fato é pijama.

Faz tanto luxo, Maxibim Poçon
Tanto como homem de bem
E no entanto às refeições
Come jaca e bebe água.

Que tragédia se tem um'amante
Que tortura, Maxibim Poçon
Tem que se despir às escuras
P'r'ocultar o sujo da roupa interior.

É festa de Santísissimo, é dia de alegria
Mas de alegria passageira
Come come come e fuma
E de contentamento sorri.

Lá se foi festa e o prazer homem.
Será motivo de tristezas?
Sendo homem dum só fato
Maxibim Poçon tem um fato.

Corram, venham todos!
À praia de São João a canoa do angolar.
Se a mulher do branco traz dinheiro
Que alegria a do Maxibim Poçon! . . .

Senhor: vinde e contemplai a miséria
A miséria do Maxibim Poçon,
Maxibim dorme na esteira
Com lençóis de jornal.

Maxibim Poçon

Old Maxibim Poçon has clothes
A man of just one suit of clothes
If it rains he will not leave his home
His suit of clothes is his pajamas.

Old Maxibim Poçon has class
He puts on airs like he were rich
But as to his food and his drink
His meals are just jackfruit and water.

It's sad when he's found with his lover
A trial for Maxibim Poçon
He takes off his clothes in the dark
To hide underwear that is dirty.

There's joy on the Holy Feast days,
Although it's a pleasure short-lived
He'll eat and he'll eat and he'll smoke
And smile and grin contentedly.

When feast days end so does his joy.
Is that any reason for sadness?
He has just one old suit of clothes
But Maxibim does own one suit.

Come running all to São João beach!
Come see the Angolar's canoe.
Should the white man's wife give him some cash
What joy for Maxibim Poçon! . . .

Come Sir: and behold poverty
The poverty of old Poçon,
He sleeps on a mat made of straw
His sheets are old newspaper pages.

António Tomás Medeiros

Ubuê bô tê mixidadje?
Ê pô tIe Ie n aka kudji fa
Punda home d'ua lôpa
Maxibim Poçon tê lôpa.

Seu corpo esté enfermo?
Mesmo que esteja não diz
Porque homem dum só fato,
Maxibim Poçon tem um fato.

Is his body afflicted and sick?
It may well be, but he won't say
This man has got one suit of clothes,
One suit has Maxibim Poçon.

Um socopé para Nicolás Guillén

Conheces tu
Nicolás Guillén,
a ilha do nome santo?

Não? Tu não a conheces?
A ilha dos cafezais floridos
e dos cacaueiros balançando
como mamas de uma mulher virgem?

    Bembom, Nicolás Guillén
    Nicolás Guillén, bembom.

Tu não conheces a ilha mestiça,
dos filhos sem pais
que as negras da ilha passeiam na rua?

Tu não conheces a ilha-riqueza
onde a miséria caminha
nos passos da gente?

    Bembom, Nicolás Guillén
    Nicolás Guillén, bembom.

Oh! vem ver a minha ilha,
vem ver cá de cima,
da nossa Sierra Maestra.
Vem ver com a vontade toda,
na cova da mão cheia.

Aqui não há ianques, Nicolás Guillén,
nem os ritmos sangrentos dos teus canaviais.

Aqui ninguém fala de yes,
nem fuma charuto ou
tabaco estrangeiro.

A Socopé for Nicolás Guillén

Have you been
Nicolás Guillén,
to the island with the name of a saint?

No? You haven't been?
The island of flowering coffee plantations
and of cocoa tree swaying
like breasts on a young maiden?

> Verygood, Nicolás Guillén
> Nicolás Guillén, verygood.

You haven't been to the cross-breed island,
of children without fathers
that the black ladies of the island display on the streets?

You haven't been to the island-riches
where poverty walks
in the footsteps of the people?

> Verygood, Nicolás Guillén
> Nicolás Guillén, verygood.

Oh! come see my island,
come see from up here,
the Sierra Maestra.
Come see it with full purpose of heart,
at the cave of the full hand.

Here there are no Yankees, Nicolás Guillén,
nor the bloody rhythms of your cane fields.

Here no one speaks of yes,
nor smokes cigars or
foreign tobacco.

António Tomás Medeiros

(Qu'importa, Nicolás Guillén,
Nicolás Guillén, qu'importa?)

Conoces tu
La isla del Golfo?

    Bembom, bembom,
    Nicolás Guillén, bembom.

(What's it matter, Nicolás Guillén,
Nicolás Guillén, what's it matter?)

Conoces tu
La isla del Golfo?

    Verygood, verygood,
    Nicolás Guillén, verygood.

Meu canto Europa

Agora,
agora que todos os contactos estão feitos,
as linhas dos telefones sintonizadas,
as linhas dos morses ensurdecidos,
os mares dos barcos violados,
os lábios dos risos esfrangalhados,
os filhos incógnitos germinados,
os frutos do solo encarcerados,
os músculos definhados
e o símbolo da escravidão determinado.

Agora,
agora que todos os contactos estão feitos,
com a coreografia do meu sangue coagulada,
o ritmo do meu tambor silenciado,
os fios do meu cabelo embranquecidos,
meu coito denunciado e o esperma esterilizado,
meus filhos de fome engravidados,
minha ânsia e meu querer amordaçados,
minhas estátuas de heróis dinamitadas,
meu grito de paz com os chicotes abafado,
meus passos guiados como passos de besta,
e o raciocínio embotado e manietado.

Agora,
agora que me estampaste no rosto
os primores da tua civilização,
eu te pergunto, Europa,
eu te pergunto: AGORA?

My Europe Song

Now,
now that all the contacts have been made
the telephone lines in syntonization,
the telegraph lines made silently deaf,
the seas of the boats ravished,
the lips of the smiles shredded,
the incognito children germinated,
the fruits of the ground incarcerated,
the muscles weakened
and the symbol of slavery determined.

Now,
now that all the contacts have been made,
with the choreography of my blood coagulated,
the rhythm of my drum silenced,
the strands of my hair made white,
my reproduction denounced and my sperm sterilized,
my children with hunger impregnated
my longings and desires silenced,
the statues of my heroes dynamited,
my scream for peace muffled by the whip,
my footsteps guided like those of a beast,
and my ability to think dulled and restrained.

Now,
now that you've stamped my face with
the amenities of your civilization,
I ask you, Europe,
I ask you: NOW WHAT?

O novo canto da mãe

Mãe:
Nós somos os teus filhos
Que sem vergonha
Quebraram as fronteiras do silêncio.
Os filhos sem manhãs
Que rasgaram as noites que cobriam
As carnes das tuas carnes.

Nós somos, Mãezinha,
Os teus filhos.
Os pés descalços,
Esfomeados,
Os meninos das roças,
Do cais,
Os capitães d'areia,
Os meninos negros à margem da vida,
Que despedaçaram o destino do teu ventre,
Que endireitaram os instantes
Que marcaram socalcos na terra firme,
Na profundidade das trevas da tua vida.

Nós somos, Mãezinha, os teus filhos,
Sexos que germinaram vida,
Forças que desfloraram a virgindade dos dogmas,
Fecundaram minérios de esperança,
Olhos, dinamites de amor,
Mãos que esfacelaram a espessura dos obós
E em cujo silêncio verde
Germina a CERTEZA:

Mãezinha:
Nós somos os teus filhos.

The Mother's New Song

Mother:
We are your children
Who without shame
Broke the barrier of silence.
Your children without dawns
Who tore apart the dark nights that covered
The flesh of your flesh.

We are, dear Mother,
Your children,
With bare feet,
Starving,
The children of the plantations,
Of the wharf,
The sand captains,
The black children at the margins of life,
Who shredded the destiny of your womb,
Who straightened out the instances
Who marked ledges into the firm earth,
In the deep recesses of the darkness of your life.

We are, dear Mother, your children,
Genders that germinated life,
Forces that deflowered the virginity of dogmas,
And fecundated the minerals of hope,
Eyes, the dynamite of love,
Hands that cut down the thickness of the obó forest
And in whose green silence
Germinates CERTAINTY:

Dear Mother:
We are your children.

António Tomás Medeiros

Canção do ilhéu

Aquela criança que trago comigo,
Pulsando comigo na dança das veias,
Pulsando comigo nos ais que se apagam,
Pulsando comigo as corridas do tempo,
Pulsando e abrindo valetas no tempo,
Pulsando comigo barrigas de fêmea,
Rebento maduro, poeira do chão,
Pulsando pulsando que ânsia do povo,
Pulsando pulsando gemido do povo,
Pulsando comigo, comigo pulsando,
Aquela criança que trago comigo,
Pulsando comigo na feira de Ponto,
Caminhos que vão perdidos no mar,
Horizontes fechados perdidos no mar,
Perdidos no mar, perdidos no mar,
Aquela criança que trago comigo,
O anseio esmagado que trago comigo,
Não pára, Candinha,
Não pára jamais.

Song of the Islander

That child that I carry so closely within me,
Whose pulse beats with mine in the dance of the veins,
Whose pulse beats with mine in the sighs soon extinguished,
Whose pulse beats with mine in the passage of time,
Is beating and opening riffs within time,
Whose pulse beats with mine in a feminine belly,
Who's ripe to explode o'er the dust of the ground,
Who's beating and beating the woes of the people,
Who's beating and beating the sighs of the people,
Whose pulse beats with me, yes with me beats its pulse,
That child that I carry so closely within me,
Whose pulse beats with mine at the fair of the Ponto,
The pathways that end and are lost in the sea,
Horizons closed tight that are lost in the sea,
That are lost in the sea, that are lost in the sea,
That child that I carry so closely within me,
The anguish now crushed that I carry within me,
Won't end, no Candinha,
It never will end.

Maria Olinda Beja
(1946–)

Maria Olinda Beja Martins Assunção, poeta, romancista, contista, professora e assessora cultural da Embaixada de São Tome e Príncipe em Portugal, nasceu a 12 de Fevereiro de 1946 em Guadalupe, São Tomé e Príncipe. Viajou a Portugal com apenas dois anos de idade e lá passou a residir ganhando a nacionalidade portuguesa. Licenciada em Línguas e Literaturas Modernas (Português/Francês) pela Faculdade de Letras da Universidade do Porto, possui também o Diploma Superior de Hautes Études da Alliance Française. Desde 1976, é docente do Ensino Secundário e dinamizadora cultural. Hoje ensina língua e cultura portuguesas na Suíça.

O lirismo delicado de Olinda Beja abrange o tema de amor, onde ressalta a flora e fauna, e o povo e a cultura de São Tomé, assim como sua história e tribulações. Suas obras têm sido objeto de estudo em várias universidades, incluindo no Brasil onde tem publicado alguns de seus livros.

Sumamente prolífica e popular, Maria Olinda Beja tem três livros de contos, um romance e sete volumes de poesia publicados, a saber: *Bio Tendê?; Leve, Leve; No País do Tchiloli; Quebra-Mar; Água Crioula; Aromas de Cajamanga; O Cruzeiro do Sul*.

Maria Olinda Beja
(1946–)

Maria Olinda Beja Martins Assunção, poet, novelist, short-story writer, teacher and cultural advisor to the Embassy of São Tomé e Príncipe in Portugal, was born February 12, 1946, in Guadalupe, São Tomé e Príncipe. She traveled to Portugal when she was just two years old and there became a permanent resident and a citizen of Portugal. She received her Licentiate degree in Modern Languages and Literatures (Portuguese/French) from the College of Letters of the University of Oporto; she also holds a Superior Diploma from the Hautes Études du Alliance Française. Since 1976, she has been a teacher of secondary education and a dynamic proponent of culture. Today she teaches Portuguese language and culture in Switzerland.

The delicate lyricism of Olinda Beja includes the theme of love, where she highlights the flora and fauna, the people and the culture of São Tomé, as well as its history and tribulations. Her works have been the object of study in various universities, including in Brazil where she has published some of her books.

Extremely prolific and popular, Maria Olinda Beja has published three volumes of short stories, one novel, and seven volumes of poetry, including: *Bio Tendê?; Leve, Leve; No País do Tchiloli; Quebra-Mar; Água Crioula; Aromas de Cajamanga; O Cruzeiro do Sul.*

Quem Somos?

O mar chama por nós, somos ilhéus!
Trazemos nas mãos sal e espuma
cantamos nas canoas
dançamos na bruma

Somos pescadores-marinheiros
de marés vivas onde se escondeu
a nossa alma ignota
o nosso povo ilhéu

A nossa ilha balouça ao sabor das vagas
e traz a espraiar-se no areal da História
a voz do gandu
na nossa memória...

Somos a mestiçagem de um deus que quis mostrar
ao universo a nossa cor tisnada
resistimos à voragem do tempo
aos apelos do nada

Continuaremos a plantar café cacau
e a comer por gosto fruta-pão
filhos do sol e do mato
arrancados à dor da escravidão.

Who Are We?

The sea calls to us, we are islanders!
We carry in our hands salt and foam
we sing in our canoes
we dance in the misty gloam

We are fishermen-mariners
of the living sea tides where hidden
were our unknown souls
to which our island people were bidden

Our island sways to the savor of the waves
and casts itself upon the beach of History
the voice of the *gandu* shark
in our memory . . .

We are the cross-breeds of a god who wanted to show
our blackened color to the universe
we resist the vortex of time
the appeals to nothingness or worse

We will continue to plant coffee cocoa
and to eat bread-fruit because we find it savory
children of the sun and of the forest
uprooted from the pain of slavery.

Por ti

Por ti espero naquela roça grande
no perfume do izaquente
no sopro do vento irrequieto
no riso da montanha misteriosa.

Por ti espero junto ao secador
que meu avô ajudou a construir
e o cheiro do cacau
invade o corpo
que acalenta a esperança
de rever-te.

Espero sentada
no caminho que vai até à Grota
e serpenteio
a estrada de Belém onde as fruteiras
espreitam o sol
e o vianteiro.

Por ti espero
na calma do poente
entre a ânsia
e o amor que me consome.

A tarde vai caindo e nostalgicamente
arrastando o meu dilúvio de ternura.

Por ti espero ainda
no breu da noite imensa
onde perpétuo repousa
na raiva que a paixão derrama e sangra
e é o tam-tam da madrugada que me obriga
a apagar da memória
a tua imagem.

For You

For you I wait on that large plantation
engulfed by the perfume of the *izaquente* tree
by the breath of the restless wind
by the laughter of the mysterious mountain.

For you I wait next to the drying pen
that my grandfather helped construct
and the smell of the cocoa
invades my body
and sooths the hope
of seeing you again.

I wait sitting down
on the road that leads to Grota
and serpentinely wander
the road to Belém where the fruit trees
peek at the sun
and at the traveler.

For you I wait
in the calmness of sunset
between anxiousness
and the love that consumes me.

The evening falls and nostalgically
dragging my flood of tenderness.

For you I still wait
in the pitch black darkness of the immense night
where it perpetually reposes
in the rage that passion spills and bleeds
and it is the tam-tam of the dawn that obliges me
to extinguish the memory
of your image.

Maria Olinda Beja

Raízes

Há rumores de mil cores enfeitando o espaço
de gorjeios infantis
transportando aquele abraço de anãs juvenis
árias que perduram na mensagem
da nossa voz e da nossa imagem.

São rumores de tambores
repercutindo a esperança de olhares inquietos
toada de lembranças
liturgia de afectos.

São rumores maternais
presos à terra que nos diz
que só o maior dos vendavais
arranca da árvore a raiz.

Roots

There's a rumbling of a thundering thousand colors decorating the space
of a warbling infant sound
transporting that warm embrace of juvenile dwarfs around
arias that remain in the message
of our voice and of our visage.

It's the rumble tumble drums
echoing the hope of restless glances
ballads of memories
liturgy of affectionate trances.

It's the maternal rumbling that never fails
tied to the earth that tells us pointedly
that only the strongest of gales
can rip the roots from the tree.

Ébano

Noite sem lua no deserto que comprime
a exatidão das coisas
paradoxo ambíguo de solidão estática do astro
    inigualável

noite de breu no areal sem fim
do eterno além-fronteira
onde o nada vive acorrentado à esfinge
da nossa escuridão

flutuam estrelas mas a lua
não vem na mesma rota
das quimeras
escondeu o rosto na lagoa
onde perpétuo repousa
o despertar inviolável
da nossa cor de ébano

Ebony

Night without moonlight in the desert that compresses
the exactness of things
ambiguous paradox of static solitude of the inimitable
    star

pitch black night in the limitless desert
of the eternal beyond-border
where nothingness lives enchained to the sphinx
of our obscurity

stars flutter but the moon
not being in the same route
as the chimeras
hid her face in the lagoon
where perpetually reposes
the inviolate awakening
of our ebony color

Germinal

Ó minha ilha queimada pelo sol
pelas lágrimas do vento que escorreram
das escarpas e das vidas de teus filhos

Em ti repousam as cinzas das esperanças
que outrora viveram no leito de teus rios
Malanza, Manuel Jorge, Contador, Cauê . . .

Em ti germinam vidas repassadas
de lua e sol no cais do sofrimento
que as âncoras da vida vão soltando!

Ó minha ilha adocicada pela chuva
lacrimejante e pura batendo na sanzala
de todos os ilhéus sequiosos de amanhãs.

Germinal

Oh my island scorched by the sun
by the tears of the wind that dripped
from the escarpments and from the lives of your children

In you repose the ashes of the hopes
that used to live in the bed of your rivers
Malanza, Manuel Jorge, Contador, Cauê . . .

In you germinate remembered lives
of moon and sun on the wharf of suffering
that the anchors of life are loosening!

Oh my island sweetened by the rain
lachrymose and pure beating down on the workers quarters
of all the islanders avid for tomorrows.

Margens

Nesta ilha de sol e chuva (mais chuva que sol)
nesta ilha de poetas e poemas (mais poemas que poetas)
o rio é o berço nostálgico da nossa utopia
distância de mar a oprimir emoções

o rio vence o tempo e a terra quente
apaga na memória lembranças de sol posto

as margens cantam a noite e o sossego da terra
paisagem que se move entre as sombras das rochas

e o gosto das anonas maduras

Margins

On this island of sun and rain (more rain than sun)
on this island of poets and poems (more poems than poets)
the river is the nostalgic cradle of our utopia
distance of sea oppressing emotions

the river subdues time and the hot earth
it erases from memory the recollections of sunset

the margins sing the night and the calmness of the earth
landscape that moves between the shadows of the rocks

and the taste of the ripe sweetsops

Heranças

Herança lusitana no sangue
na raça
na História
na página secreta voltada
ao cais do esquecimento

herança africana na alma
na pele
no tempo
nas eternas grilhetas
do medo e da intolerância

fomos mais além da rota tracejada
mas perdemos a noção do abismo
e o equilíbrio das coisas

ficamos reduzidos a sonho
a mistério infinitamente à espera
do desejado rei Sebastião, digo, Amador

Legacies

Lusitanian legacy in the blood
in the race
in the History
in the secret page turned
toward the quay of forgetfulness

African legacy in the soul
in the skin
in time
in the eternal manacles
of fear and of intolerance

we have gone beyond the traced route
but we have lost the notion of the abyss
and the equilibrium of things

we are reduced to a dream
to the infinitely awaited mystery
of the desired king Sebastian, I mean, Amador

Twentieth Century
(Born in the 1950s)

Século XX
(Nascidos nos anos 1950)

Armindo Vaz d'Almeida
(1953–)

Armindo Vaz d'Almeida, Mestre em Sociologia e Licenciado em Direito, foi titular de várias pastas ministeriais, incluindo a de Primeiro-Ministro e Chefe do Governo de São Tomé e Príncipe. Altamente respeitado, foi designado subscrever, em Julho de 1996, "A Declaração Constitutiva da CPLP", organização das oito nações cuja língua oficial é português.

De entre outras participações, é membro fundador da UNEAS (União Nacional dos Escritores e Artistas Santomenses), assim como da LEC (Liga dos Escritores dos Cinco, países africanos de língua portuguesa). É membro, igualmente, da Comissão de Honra da Assistência Médica Internacional (AMI), desde 1989, tendo integrado o Conselho Executivo da OMS (Organização Mundial da Saúde), entre 1990 e 1992.

Com variada obra publicada no âmbito da Qualidade de Vida, da Administração Pública, das Ciências Sociais e da Juventude, *Noturno em Laivos de Amor*, constitui o seu primeiro trajeto no mundo do poeta. O livro está dividido em quatro partes, que para Luís Miguel Oliveira de Barros Cardoso, o prefaciador do volume, tem uma associação com as *Quatro Estações* do compositor Vivaldi. Os temas que aborda o poeta incluem vida, morte, sonho, mar, terra, amor, e louvações a figuras importantes.

Todos os poemas que aparecem nesta antologia vem de *Noturno em Laivos de Amor*, segunda edição (São Tomé: Instituto Camões, Centro Cultural Português em S. Tomé e Príncipe, 2001).

Armindo Vaz d'Almeida
(1953–)

Armindo Vaz d'Almeida, who holds a Masters degree in Sociology and a Licentiate degree in Law, has occupied several ministerial posts in São Tomé and Príncipe, including that of Prime-Minister and Chief of Government. Highly regarded, he was chosen to write, in July of 1996, the Constitutional Declaration of the CPLP, the eight-member organization of nations whose official language is Portuguese.

Among his many activities, he is a founding member of UNEAS (National Union of the Writers and Artists of São Tomé), as well as a member of LEC (League of Writers from the Five Nations in Africa whose Language is Portuguese). Since 1989 he is a member of AMI, the Honorary Commission of International Medical Assistance, and from 1990 to 1992 he was part of the Executive Council of the WHO (World Health Organization).

He has a variety of works published in the area of Quality of Life, Public Administration, Social Sciences, and Youth, his volume entitled *Noturno em Laivos de Amor,* is his first book of poetry. It is divided into four parts, which, for Luís Miguel Oliveira de Barros Cardoso, who wrote the preface, it has an association with the *Four Seasons* of composer Vivaldi. The themes the poet broaches include life, death, dreams, sea, land, love, and praise to important historical figures.

All the poems that appear in this anthology are taken from *Noturno em Laivos de Amor,* 2d edition (São Tomé: Instituto Camões, Centro Cultural Português em S. Tomé e Príncipe, 2001).

Vida

Vida
é folha que flutua desprendida
suspensa no ar
vogando nas asas do vento
para apenas ser enquanto não cai

Soprem pois ventos sem fronteiras
sacudam sem cerimónias a folha que cai
e atrasem-lhe o derradeiro descanso

Elevem-se fortes vendavais
pela distensão total da vida
e no ímpeto vertical da tormenta
brotem por toda a parte
folhas mais e mais folhas

Rompam ventos os muros
do caminho que tristemente se repete
e alcem convosco
a pequenina e frágil folha
sempre mais e mais

E serás sempre tu mesma
folha sacudida ao amparo dos ventos
pelo sopro de cada novo dia

Quero pois ver-te folha
irreverente e insubmissa
envolvida na fúria benigna dos ventos
pois és vida enquanto te bamboleias
na tempestade esclarecida da tua ira

Quero ver-te no centro virgem da tormenta
sem temor ao fim
que outra coisa não é afinal
repousar na terra que te gerou
pariu e te anseia Vida.

Life

Life
is a leaf that flutters detached
suspended in the air
wandering on the wings of the wind
existing only until it falls

Blow therefore winds without frontiers
shake without ceremony the leaf that is falling
and delay its final rest

Rise up strong windstorms
throughout the total distention of life
and in the vertical impetus of the storm
may more and more leaves
spring up everywhere

Let the winds break down the defensive walls
along the road which sadly are repeated
and let them raise up with you
the little and fragile leaf
always and more and more

And you yourself will always be
a quaking leaf shielded only by the wind
by the blowing of each new day

I therefore want to see you an
irreverent and unyielding leaf
involved in the benign fury of the winds
for you are life as long as you shimmy
in the enlightened tempests of your ire

I want to see you in the virgin center of the storm
without fear until the end
for after all it is nothing more
than to repose on the very earth that begat you
gave you birth and desires Life for you.

Armindo Vaz d'Almeida

A prece necessária
A Caetano da Costa Alegre, no dia dos meus anos

Ingénuo sonhador
ou simples visionário
assim me terão qualificado
aquando um dia
apenas por não temer
que outros a mim não temam

no estridor da canícula
é a imagem que ressoa na mente
e me faz palpitar a alma
de escassos vinte e seis anos
frágil botão dizendo à vida
adeus para sempre

Como menino sempre sonhara
quando sonhar
também fora afirmação
e o enigma do seu sorriso perene
não fora mais
que sacrário da alma quebrantada

Não seja ele jamais rei
pela sua tenra idade
mas tão-somente príncipe
nosso que nos ensine a sonhar
cada vez que a vida
teima deixar de ser o que é.

4 de Abril de 1979

The Necessary Prayer
To Caetano da Costa Alegre, on my birthday

Naive dreamer
or simple visionary
that's how they must have labeled me
one fine day
simply for not fearing
that others would not fear me

within the clash of Canicula
is the image that resonates in my mind
and makes my soul beat
with scarcely twenty-six years
a fragile bud telling life
goodbye forever

As a child he always dreamed
when he would dream
it had also been an affirmation
and the enigma of his perennial smile
had not been more
than the holy sanctuary of his broken soul

May he never be king
because of his tender age
but only our prince
who must teach us to dream
each time that life
threatens to cease being what it is.

April 4, 1979

25 Cravos para Portugal
seis anos mais tarde ...

Finalmente chegara ao fim
o caminho longo da longa noite assombrada
e a madrugada despontara singular
à porta do velho canhão de guerra
naquele 25 de velhas azinheiras em flor

Elevara-se egrégio o clarim do alvorecer
em coro de sorrisos e grinaldas
e cravos florindo vermelhos nas mãos das crianças
das mulheres e entre os lábios da G3
que o infante marcialmente se furtara a disparar

Os cravos somaram-se
multiplicaram-se
por todos os cravos se repartiram
e foram sempre cravos vermelhos
retintos do sangue da revolução sem sangue

Receio o perigo do adeus contrariado da noite
quando com ela murcham cravos alguns vermelhos
crescem pálidos e até pardos outros
e assim hoje Abril nem sempre sorri
e já vai faltando primavera aos amanheceres

e se algo te tenho que pedir
na cumplicidade desta nossa fé comum
Portugal meu amigo de primavera
não deixes murchar nunca a graça
e menos ainda a verdade dos nossos cravos vermelhos.

25 Abril 1980

25 Carnations for Portugal

six years later . . .

It had finally come to an end
the long road of the long terrifying night
and the morning had dawned singularly
at the door of the old war cannon
on that 25th of old flowering *azinheira* trees

The clarion call of daybreak arose distinguished
in a chorus of smiles and garlands
and red carnations flowering in the hands of the children
of women and between the lips of the *G3*
such that militarily the infantryman chose not to open fire

The carnations were added upon
they multiplied
to everyone the carnations were distributed
and they were always red carnations
deep dyed with the blood of the bloodless revolution

I fear the danger of the contradicted goodbye of the night
when with it the carnations wither some red ones
grow pallid others even chestnut-brown
and thus today April doesn't always smile
and already there is a lack of springtime in the dawns

and if there is something I need to ask of you
in the complicity of this our common faith
Portugal my friend of springtime
don't ever let grace wither
and even less the truth of our red carnations.

April 25, 1980

Por um 8 de Março

Não te sei o nome
nem sequer se o terás
tanto quanto sei é que existes
e de tudo quanto conta é o ser

Não há nome que mais te venha bem
nem nome que mal te fique
aliás nome
é tudo quanto menos falta te faz

Rosa
espinhosa e perfumada
Camélia
multicor e misteriosa
Amarílis
ubertosa e sedutora
Lobélia
fatal e primorosa

Natureza
mãe
terra
ilha corpo de rocha viçosa
regaço de negro basalto
quietando a força antiga das calemas

Esposa
companheira
minha irmã de destino
libertada do êxtase de milhas mil entre paredes
fecundando com a graça dos seus passos
amplas alamedas do novo dia

For an 8th of March

I don't know your name
nor even if you have one
all I know is that you exist
and of everything that counts it is your being

There are no names that complement you better
nor names that doesn't fit you
in fact a name
is what you lack the least

Rose
full of thorns and perfume
Camellia
multicolored and mysterious
Amaryllis
fruitful and seductive
Lobelia
fatal and beautiful

Nature
mother
earth
island body of luxurious rocks
shelter of black basalt
quieting the ancient forces of the ocean waves

Wife
companion
my sister of destiny
freed from the ecstasy of thousands of miles between walls
fecundating with the grace of your footsteps
the ample alamedas of the new day

Sem nome
sem cor
sem idade
daqui
dali
de acolá
de todas as dimensões e latitudes
simplesmente Mulher que adoro venerar.

Without name
without color
without age
from here
from there
from everywhere
of all dimensions and latitudes
simply Woman that I adore venerating.

Poema ao vento sul

E prosseguem os passos dos homens
contando pacientes as pedras do caminho
caminho longo em que tu
encarnando a alma da insurgência
como luz de brilho fecundo
te ergues contra o destino pálido
imposto à tua bandeira mutilada

e em dias de razão adiada
com eles tu também
mas tu sempre
tu mesmo
tu homem amigo dos homens
tu MANDELA Nelson
homem símbolo da voz permanente

tua luz e tua voz
erguidas na virilidade de cada segundo
nem mesmo a longevidade dos dias
desse silêncio ostensivamente prolongado
nem a estulta obsessão do teu cativeiro
poderão jamais subverter
e muito menos fazer calar

de ti vem o clamor do vento sul
trazendo magnânimo até nós
a profecia da verdade certa
sem tempo nem limites
porque tua voz é permanente
e está em ti Irmão
o corpo sagrado dos deuses da nossa fé.

Poem to the Southern Wind

And the footsteps of man proceed onward
counting patiently the rocks in the road
the long road in which you
incarnate your soul with insurgency
as with a brilliant fertile light
you raise up against the pallid destiny
imposed upon your mutilated flag

and on days of postponed reason
with them you also
but always you
you yourself
you man the friend of mankind
you MANDELA Nelson
man symbol of the permanent voice

your light and your voice
raised up in the virility of each second
not even the longevity of the days
of that ostensive prolonged silence
nor the stupid obsession of your captivity
can ever subvert
and much less cause your silence

from you comes the clamor of the southern wind
magnanimously bringing unto us
the prophesy of that certain truth
without time or limits
because your voice is permanent
and it is within you Brother
the sacred body of the gods of our faith.

Armindo Vaz d'Almeida

Jerónimo Salvaterra
(1953–)

Manuel Jerónimo Salvaterra Júnior (Nelito) nasceu em Luanda, Angola, a 24 de Julho de 1953. Formado em Ciências da Educação pela Escola do Magistério Primário de S. Tomé e Príncipe, especializou-se em Educação na área da Metodologia de Ensino, na Fundação Cenafôr, em São Paulo, Brasil em 1985, e em Inspeção Escolar, na Universidade de Aveiro, Portugal em 1993.

Leccionou no ensino primário entre 1971 e 1982. Em 1983, integrou o quadro da Escola de Formação e Superação de Quadros Docentes, trabalhando com o Professor-Metodólogo. Exerceu funções de Direção e é Formador de Formadores em Administração e Planificação da Educação, no âmbito do Projeto COFORPALOP. Tem participado em encontros, seminários, conferências, ações de formação e projetos ligados às Ciências da Educação, como Inspetor-Chefe da Educação.

Em 1995, publicou *Tristezas Não Pagam Dívidas,* coletânea de contos e lendas de S. Tomé e Príncipe, recomendada para publicação no concurso Vozes das Ilhas, organizado pela UNEAS (União Nacional dos Escritores e Artistas de S. Tomé e Príncipe). Em 2001, publicou *Mangungo (Mitos e Cultura de S. Tomé e Príncipe).* Em 2002, publicou a *Ilha do Amanhã* (poesia), edição do Instituto Camões-Centro Cultural Português em S. Tomé e Príncipe. Em 2003 publicou *Sopro de Esperança* (poesia) Edição UNEAS. Todos os poemas que aparecem nesta antologia vem deste último livro.

Jerónimo Salvaterra
(1953–)

Manuel Jerónimo Salvaterra Júnior (Nelito) was born in Luanda, Angola on July 24, 1953. He graduated in Educational Sciences from the Normal School of São Tomé and Príncipe, then in 1985, specialized in Education in the area of Teaching Methodology at the Cenafôr Foundation in São Paulo, Brazil, and later in School Inspections at the University of Aveiro, Portugal in 1993.

He taught grammar school between 1971 and 1982. In 1983 he became part of the faculty of the Escola Formação e Superação de Quadros Docentes, working with the Senior Methodological Professor. He became a Director and Administrator of Educational Planning with COFORPALOP, the eight-nation organization whose official language is Portuguese. He has participated in numerous seminars, conferences and projects associated with the Science of Education, and as Inspector-General of Education.

In 1995, he published *Tristezas Não Pagam Dívidas,* a collection of short stories and legends from São Tomé and Príncipe, which was recommended for publication in the contest entitled Voices of the Islands, organized by UNEAS (National Union of Writers and Artists of S. Tomé e Príncipe). In 2001, he published *Mangungo (Mitos e Cultura de S. Tomé e Príncipe)*. In 2002, he published *Ilha do Amanhã* (poetry) sponsored by the Instituto Camões-Centro Cultural Português em S. Tomé e Príncipe. In 2003 he published *Sopro de Esperança* (poetry), sponsored by UNEAS. All the poems that appear in this anthology come from this last volume.

Desejo oculto

Quero ser eu e não posso.
Quero agarrar as estrelas
o firmamento infinito
desvendar mistérios
descobrir
o eu da minha vontade
e não posso!
Quero caminhar
na profundeza dos oceanos
embrenhar-me nos segredos
por deslindar.

Quero ser eu e não posso.
Quero apreender o porquê
de um rio a correr
compreender o seu ventre
o seu fado
o eu da minha vontade
e não posso!

Quero colorir homens verdes
mulheres amarelas
com tintas feitas de plantas e de luar
Quero ser eu e não posso.

Quero ser a galáxia longínqua
além do imaginário
cavaquear com os asteroides
a na metamorfose espacial
tornar-me um homem novo
e poder gritar ao Mundo:

Eu sou eu!

Hidden Desire

I want to be me and I can't.
I want to grasp the stars
the infinite firmament
unravel mysteries
discover
the I of my will and volition
and I can't!
I want to walk
in the depths of the oceans
become enmeshed in the secrets
still to be disentangled.

I want to be me and I can't.
I want to apprehend the why
of a running river
understand its womb
and its destiny
the I of my will and volition
and I can't!

I want to color green men
yellow women
with dyes made of plants and moonlight
I want to be me and I can't.

I want to be the distant galaxy
beyond the imaginary
to chit-chat with the asteroids
and in the special metamorphosis
become a new man
and be able to shout to the World:

I am I!

Jerónimo Salvaterra

Dia da família

Jesus nasceu
algures
numa manjedoura
há *bué de time*.

Feito universal
criou raízes
nas páginas da cultura.

Vinte e cinco de Dezembro
famílias
aconchegam-se
divertem-se
no calendário das Ilhas.

Deleitam-se
nholam iguarias
cada um
miga o que pode
leve-leve
até a *baga* esvaziar...

---

bué de time: Há muito tempo
nholam: comem
leve-leve: resposta pronta quando se pergunta como vai a vida,
    "vai se andando".
baga: panela de barro

Family Day

Jesus was born
somewhere
in a manger
bué de time.

Once it became universal
it sprouted roots
on the cultural pages.

December twenty fifth
families
join together
entertain themselves with fun
on the calendar of the Islands.

They enjoy themselves
nholam delicacies
each one
chews up what he can
leve-leve
until the *baga* is empty . . .

---

bué de time: A long time ago
nholam: eating
leve-leve: the quick answer when asked how is it going? "fair to middlin'." Leve-leve is a laid back, unhurried attitude.
baga: clay pot

Rapsódia cultural

Música é cultura
é ritmo da terra
lançado ao solo não degenera
perdura na génese do verbo

Safu maduro fruto genuíno
filho gémeo das ilhas
gracioso
encanta a poesia
mas o periquito debica o *mavumbá*

Música é vida é suor da labuta
viaja na lonjura do tempo
é senha do povo engarrafado por gerações
tomado em goles nos *fundões* nos terraços
hoje à míngua no salão das discotecas

E quando os irmãos se encontrarem
a cultura do Arquipélago
será carimbada no passaporte das Ilhas
e as *gravanas* assobiarão felizes
ao verem o ritmo dos tempos
caldear-se
com os passos míticos do *socopé*!...

gravana: período seco em S. Tomé e Príncipe, acompanhado por brisas; razão de qualquer desavença
socopé: Canto e dança típicos de S. Tomé e Príncipe; do português "só com o pé".

Cultural Rhapsody

Music and culture
is the rhythm of the earth
thrust to the ground it doesn't degenerate
it endures in the genesis of the word

Ripe *safu* genuine fruit
twin son of the islands
charming
enchanting the poetry
but the parakeet pecks on the *mavumbá*

Music is life it's the sweat of hard work
it travels in the long distances of time
it's the password of the people bottled up for generations
taken in gulping drafts in the deepest recesses of the back porches today
because of its absence in the salons of the discotheques

And when the brothers get together
the culture of the Archipelago
will be stamped in the passport of the Islands
and the *gravanas* will whistle happily
seeing the rhythm of the times
blending itself
with the mythical steps of the *socopé*! . . .

gravana: dry season in S. Tomé & Príncipe accompanied by breezes; said to be the reason for anything going wrong or unpleasant
socopé: typical song and dance of S. Tomé & Príncipe; from the Português: "só com o pé," only with the foot.

Jerónimo Salvaterra

Roças

Clara Dias
Monte Alegre
tracejadas na bissectriz do mato
charadas combinadas
belas como a água matrimónio
do café do monte
pisado na tina
cheirando a figo
amaciado
nos secadores da *Diogo Vaz*...

Zampalma
colhe frutos na *Bombaim*
Vista Alegre
sente saudades
do irmão
algures na *Sundy*
ou atracado em qualquer cais
no mar da *Porto Real*.

Roças
capim cortado
cacau maduro
tinas de café
ensacado
com o suor do labor.

Sinos de bronze
peregrinam no tempo
e ressuscitam as almas dos velhos senhores
que com mágoa
acariciam a relva da *Ribeira Camarão*!...

Plantations

Clara Dias
Monte Alegre
traced broken lines in the bisector of the forest
combined charades
beautiful like the water of matrimony
the coffee of the hillside
tamped down in the troughs
smelling of fig
sweetened
in the dryers of the *Diogo Vaz* . . .

Zampalma
collects fruit at the *Bombaim*
Vista Alegre
and misses
her brother
somewhere at the *Sundy*
or moored at some wharf
in the sea of the *Porto Real*.

Plantations
cut grass
mature cacao
troughs of coffee
placed in sacks
with the sweat of labor.

Bronze bells
wander in time
and resurrect the souls of the old time masters
who with sorrow
caress the grasses of the *Ribeira Camarão*! . . .

Sonhos

Para todas as Mães Negras
das antigas roças de cacau e de café

Mãe negra plantou semente
no calor da escuridão do mato
embrião teimoso resistiu à seca
e germinou ao som dos gritos da sanzala.

Mãe negra colheu rebento proibido
fruto secreto encantou patrão
patrão grande da roça de cacau
tomou café e leite como afilhado.

O tempo passou como vento
seu botão era o seu sustento...

Certa noite, o apito do paquete
mãe negra movida sabe-se lá porquê
seu olhar não reflete mais quimeras
e os soluços soçobraram no seu âmago...

Ao amanhecer
a muitas milhas de distância
preso às correntes do porão do navio
foram os sonhos
de quem sonhou a vida na roça.

Dreams

For all the Black Mothers
of the old plantations of cacao and of coffee

Black mother planted seeds
in the heat of the darkness of the forest
a stubborn embryo that resisted the drought
and germinated to the sounds of crying in the slave quarters.

Black mother collected the prohibited shoot
the secret fruit that charmed the boss
the big boss of the cacao plantation
who sipped coffee and milk like a godson.

Time passed like the wind
its bud was its support . . .

On a certain night, the whistle of the ocean packet
black mother moved upon who knows why
her look no longer reflecting any chimeras
and her sobbing turned upside down inside her soul . . .

At day break
at many miles distance
held tight by the chains in the hold of the ship
the dreams vanished
of she who dreamed her life away on the plantation.

Francisco Costa Alegre
(1953–)

Francisco Costa Alegre, poeta, crítico e ensaísta, nasceu na cidade de S. Tomé na Ilha de São Tomé a 2 de Fevereiro de 1953. Fez estudos superiores de Francês em Beasançon, França, e de Comunicação Social e Linguística em Nova Iorque, Estados Unidos da América.

    Francisco Costa Alegre tem colaborado regularmente em jornais e revistas nacionais e estrangeiros. *Mussungú,* em primeira edição de 2001, integra obras previamente publicadas em *Madala* (1990); *Cinzas do Madala* (1991); *Massandá* (1994); *Mutêtê* (1995) e *Brasas de Mutêtê* (1998). Os poemas de Francisco Costa Alegre que aparecem nesta antologia vieram todas de *Mussungú.*

Francisco Costa Alegre
(1953–)

Francisco Costa Alegre, poet, critic, and essayist, was born in the city of S. Tomé on the Island of São Tomé on February 2, 1953. For his university degrees he studied French in Beasançon, France, and Social and Linguistic Communication in New York, United States of America.

Francisco Costa Alegre has regularly published his poems in national and international newspapers and magazines. *Mussungú,* which was published in 2001, includes verses that previously appeared in *Madala* (1990); *Cinzas do Madala* (1991); *Massandá* (1994); *Mutété* (1995); and *Brasas de Mutété* (1998). The poems by Francisco Costa Alegre that appear in this anthology were all taken from *Mussungú*.

Matété

Viajo pelo mundo fora
Converso com humildes e nobres
Desvendo mares e oceanos;

Viajo pelo mundo fora
Desvendo mares e oceanos
Visito continentes e ilhas;

Viajo pelo mundo fora
Visito continentes e ilhas
Encontro povos, pimenta, ouro, especiarias...

Viajo pelo mundo fora
Encontro povos, pimenta, ouro especiarias
Vejo distribuída a sorte;

Viajo pelo mundo fora
Vejo distribuída a sorte
Arranha-céus e *ghetos* são a sorte;

Viajo pelo mundo fora
Arranha-céus e *ghetos* são a sorte
Viajo de barco e caravela;

Viajo pelo mundo fora
Viajo de barco e caravela
Em S. Tomé e Príncipe saboreio azeite *matété*;

Viajo pelo mundo fora
Em S. Tomé e Príncipe saboreio azeite *matété*
Começo e fim de todo azeite;

Viajo pelo mundo fora
Começo e fim de todo azeite,
Lavo-me e relavo-me no riacho *Mussungú*

matété: nata de óleo de palma

Matété

I travel throughout the world
I converse with the humble and noble
I uncover seas and oceans;

I travel throughout the world
I uncover seas and oceans;
I visit continents and islands;

I travel throughout the world
I visit continents and islands;
I find peoples, pepper, gold, spices . . .

I travel throughout the world
I find peoples, pepper, gold, spices
I see fortune distributed;

I travel throughout the world
I see fortune distributed
Skyscrapers and ghettos are the fortunes;

I travel throughout the world
Skyscrapers and ghettos are the fortunes
I travel by ship and caravel;

I travel throughout the world
I travel by ship and caravel
In S. Tomé and Príncipe I savor *matété* oil;

I travel throughout the world
In S. Tomé and Príncipe I savor *matété* oil;
The beginning and end of all oil;

I travel throughout the world
The beginning and end of all oil;
I wash-up and wash-up again in the *Mussungú* rivulet.

matété: cream of palm oil

Francisco Costa Alegre

O ovo de Colombo
Primeira parte

Fragmentos dum começo,
Começo de uma América,
América fim desta África
África, o meio da Europa;

Fragmentos dum começo,
Disfarce de uma firmeza,
Firmeza de Martinica até Jamaica
Com rum e tabaco trindadense
Da Trindade Santíssima como uma Granada;

Granada, este fragmento...
Barbado, barba da flor do Puerto Rico
De sementes de arroz em terço,
Terço da cartucheira dum caçador
Fragmentos dum começo;

Fragmentos dum começo,
Disparo duma firmeza,
Fim duma certeza,
Certeza dum meio
O meio para a Europa
Tudo resta para a Europa
O fragmento é para a África;

Fragmento dum começo,
Conjunto de fragmentos;
É esta Antilhas Caribenha
Elíptica, firme e côncava
Com o princípio meio e fim,
Do açúcar cubano, e banana de Santa Lúcia;

The Egg of Columbus
Part one

Fragments of a beginning,
The beginnings of an America,
America the end of this Africa
Africa, the means of Europe;

Fragments of a beginning,
The disguise of stability,
Stability from Martinique to Jamaica
With Trinidadian rum and tobacco
From the Holy Trinity like a Granada;

Granada, this fragment . . .
Barbados, beard of the flower of Puerto Rico
Of seeds of rice in prayer beads,
Prayer beads of the cartridge of a hunter
Fragments of a beginning;

Fragments of a beginning,
A shot of stability,
End of a certainty,
Certainty of a means
The means for Europe
Everything is left to Europe
The fragment is for Africa;

Fragment of a beginning,
A collection of fragments;
This is the Caribbean Antilles
Elliptical, firm and concave
With a beginning middle and end,
From Cuban sugar, and banana from Saint Lucia;

Do açúcar cubano, e banana de Santa Lúcia,
Nos fragmentos dum começo
Começo dominicano e fim haitiano,
Surge o ovo do começo de pé
De pé fragmentado,
Fragmentos dum começo . . .

From Cuban sugar, and banana from Saint Lucia,
In the fragments of a beginning
From a Dominican beginning and a Haitian ending,
Surges the beginning of the egg of the stem footing
The fragmented stem footing,
Fragments of a beginning . . .

Angola

Oh! minha Angola
Oh! meu Moçambique
Tu és, vós sois o meu S. Tomé
S. Tomé e Príncipe e Cabo Verde
Do forte *Nô Pintcha* guineense
Na oxigenação histórica cicatrizante;

Oh! minha Angola
Tu és o segredo deste S. Tomé
Tu és a miscigenação pacífica ou violenta
Segredada pelo *psi* da história,
História de Angola feita em S. Tomé;

Oh! minha Angola angolana
Oh! minha África africana,
Tu és, vós sois a minha parte africana
Oxigénio do meu ser universal;
Da Europa obtive o sal
Sal do baptismo africano
Escraviza-me ser cidadão do mundo
Mundo... o canto do meu som poemático: Angola!

Angola

Oh! my Angola
Oh! my Mozambique
You are, ye art my S. Tomé
S. Tomé and Príncipe and Cape Verde
From the Guinean fort *Nô Pintcha*
In the scar-forming historical oxygenation;

Oh! my Angola
You are the secret of this S. Tomé
You are the peaceful or violent miscegenation
Segregated by the *psi* of history,
History of Angola made in S. Tomé;

Oh! my Angolan Angola
Oh! my African Africa,
You are, ye art my African side
The oxygen of my universal being;
From Europe I obtained salt
Salt of the African baptism
It enslaves me to be a citizen of the world
World ... the song of my poetic sound: Angola!

Homem
Contentor II

Mais completo dos animais
Dotado de corpo e espírito,
Produz e faz reproduzir mais
Corpos com ou sem espírito
Que mais torna homem Homem,
Homem que mais espírito tenha
Fica mais perto da Divindade...

O homem é o contentor dos contentores,
Tem reproduzido livros e bibliotecas,
Tem criado e destruído gerações
Tem-se comportado como animal,
Tem criado grandes contentores,
Contentores, tanques de guerras e dores...
O homem é o contentor dos contentores
Ele está perto e longe de Deus;

O homem tem sido mais feliz
Feliz de por vezes ser infeliz
De aperfeiçoar e destruir universo
Este contentor de Deus e de homem;

Quem me dera ser universo!
Seria um contentor avesso
Sem especificidade de vocação
Universalizante que me consciencializa
Na nobre criação de contentores;

Como é bom ser contentor
Homem, navio, garrafa, lar...
Que transportam remédios...
Satisfação, alegria ou dor...

Man
Container II

The most complete of the animals
Endowed with a body and spirit,
He produces and reproduces more
Bodies with or without spirits
Which most fully turns man into Man,
Man the more spirit he has
The closer he comes to Divinity . . .

Man is the container of all containers,
He has reproduced books and libraries,
He has created and destroyed generations
He has comported himself as an animal,
He has created great containers,
Containers, war tanks and pain . . .
Man is the container of all containers
He is close and far from God;

Man has been the happiest
Happy and at times been unhappy
Perfecting and destroying the universe
This container of God and of man;

How I wish I were a universe!
I would be a reverse container
Without the specificity of a universalizing
Vocation that makes me conscious
Of the noble creation of containers;

How wonderful to be a container
Man, ship, bottle, home . . .
That transport remedies . . .
Satisfaction, joy or pain . . .

Francisco Costa Alegre

Família
Contentor III

Família!
Uma base dum Estado
Estado de contentores
Como um partido de homens e mulheres,
Partido de estado de contentores...

Família!
Quem não gere uma família
Não gere também um estado
Estado de contentores de famílias,
A família é a base de um estado...

Família!
A família torna-se a base de um estado,
Estado de várias bocas e vários amores,
De corpos e espírito,
De grandeza e fraqueza,
De potência e insuficiência,
Tudo que faz cada um cada qual
Cada qual mais homem que outro
Outro igual a qualquer outro homem...

Família!
Ninguém é mais homem que outro,
Mas, outro homem é mais alguém
Como uma nação é superior a outra
Quando para gerir e dar mais tem,
E dá de consciência e justiça...

Família
Não há família independente,
Não há nação independente,
Interdependência existe aberta ou disfarçada
Nos estados, países, e nos homens...
Família do mundo contentor.

Family
Container III

Family!
A basis for a State
State of containers
Like a party of men and women,
State party of containers . . .

Family!
He who doesn't generate a family
Likewise does not generate a state
State of containers of families,
The family is the basis of a state . . .

Family!
The family becomes the basis of a state,
State of various mouths and various loves,
Of bodies and spirit,
Of greatness and weakness,
Of power and insufficiency,
Everything that each and every one does
Each one more man than another
Another the same as any other man . . .

Family!
No one is more man than another,
But, another man is more somebody
Like one nation is superior to another
When it has more to generate and give,
And it gives with conscience and justice . . .

Family!
There is no independent family,
There is no independent nation,
Interdependency exists in the open or disguised
In states, countries, and in men . . .
Family of the container world.

Francisco Costa Alegre

Frederico Gustavo dos Anjos
(1954–)

Frederico Gustavo dos Anjos nasceu na cidade de S. Tomé a 4 de Julho de 1954. Licenciou-se em Germânicas, na Universidade de Karl Marx em Leipzig, Alemanha Democrática, em 1984. Fez ainda um Curso de Gestão da Ciência e Tecnologia, no Instituto para o Desenvolvimento, Portugal, em 1990.

Foi Professor dos Ensinos Primário, Preparatório e pré-Universitário e da Escola de Formação de Quadros; Diretor da Rádio Nacional, Membro do Conselho Superior de Imprensa, Diretor-Geral da Comunicação Social, Secretário de Estado da Comunicação Social e Cultura e Diretor-Geral da Administração do Território. Recentemente serviu como Secretário-Geral da Câmara do Comércio, Indústria, Agricultura e Serviços de S. Tomé e Príncipe.

Tem trabalhos na área da investigação literária e ensaio: *Sobre a Discussão Histórico-Filosófico nas Obras Líricas de Heinz Kahlau* (1984), *Sobre a Trajetória da Literatura Santomense em Dez Anos de Independência* (1986), *Algumas considerações Sobre a Vida e Obra de Caetano da Costa Alegre— Uma Contribuição ao Estudo e Valorização do Património Cultural, Sobre a Atualidade da Poesia de Francisco José Tenreiro*.

Publicou ainda *Bandeira para um Cadáver*—narrativa breve (1984), *A Descoberta das Descobertas ou as Descobertas da Descoberta*—antologia poética (1984), *As Descobertas da Descoberta ou a Dimensão de Uma Mensagem Poética*—apreciação crítica e avaliação da literatura poética após a independência (1986), *Solilóquio*—caderno de poemas (1986). Todos os poemas de Frederico Gustavo dos Anjos que aparecem nesta antologia vem do livro *Paisagens e descobertas* (S. Tomé: Instituto Camões—Centro Cultural Português em S. Tomé e Príncipe, 2002).

Frederico Gustavo dos Anjos

(1954–)

Frederico Gustavo dos Anjos was born in the city of S. Tomé on July 4, 1954. He earned a Licentiate degree in Germanic studies in 1984 from the University of Karl Marx in Leipzig, German Democratic Republic. In 1990, he pursued a degree in Administration of Science and Technology at the Institute for Development in Portugal.

He has been a grammar school teacher; a professor of preparatory and pre-university studies and of the Escola de Formação de Quadros; director of the National Radio; member of the Supreme Council of the Press; Director-General of Social Communication; Secretary of State for Social Communication and Culture; and Director-General of the Administration of the Territory. Most recently he served as Secretary-General of the Chamber of Commerce, Industry, Agriculture, and Services of São Tomé and Príncipe.

He has published essays on literary research: *Sobre a Discussão Histórico-Filosófico nas Obras Líricas de Heinz Kahlau* (1984), *Sobre a Trajetória da Literatura Santomense em Dez Anos de Independência* (1986), *Algumas considerações Sobre a Vida e Obra de Caetano da Costa Alegre— Uma Contribuição ao Estudo e Valorização do Património Cultural, Sobre a Atualidade da Poesia de Francisco José Tenreiro*.

He has also published literary criticism, and his own prose and poetic works: *Bandeira para um Cadáver*—short narrative (1984); *A Descoberta das Descobertas ou as Descobertas da Descoberta*—anthology of poetry (1984); *As Descobertas da Descoberta ou a Dimensão de Uma Mensagem Poética*—literary analysis of the poetic output since Independence (1986); *Solilóquio*—poetry notebook (1986). All of the poems by Frederico Gustavo dos Anjos that appear in this anthology come from his book *Paisagens e descobertas* (São Tomé: Instituto Camões—Centro Cultural Português em S. Tomé e Príncipe, 2002).

A lenda de um anel doirado

Trago um anel doirado,
Um símbolo de matrimónio,
Era assim naquele tempo
E o costume me abrangeu.

Quando me sinto enfraquecendo
Sinto-o demais folgado,
Quando me invade o optimismo
Vejo-o sempre me apertando.

E às vezes quando o abandono
Lá onde os meus olhos o perdem,
Nem por isso afasto o pensamento
Da realidade que ele simboliza.

Trago um anel doirado,
Mas desde há muito o trago,
Não tem brilho, não resplandece,
Não é por outros visível.

Mas é tão estreito e tão fino
E tem tanto valor no meu mundo,
Trago-o sobre os males da vida
E chamo-lhe meu único amor.

The Legend of a Golden Ring

I'm wearing a golden ring,
A symbol of matrimony,
That's how it used to be
And the custom encompassed me.

Whenever I feel that I'm weakening
I feel it has loosened a lot,
But when I'm filled with optimism
I see that it's tightened for me.

At times when I've left it abandoned
Over there where my eyes have misplaced it,
That's no reason to push out the thought
Of the truth of what it symbolizes.

I'm wearing a golden ring,
And I've worn it a long, long time,
It has no more brilliance, no luster,
Nor is it visible to any other.

But it is so tight and so fine
And has such great worth in my world,
It shields me from the evils of life
And I call it my only love.

Rogo em silêncio

Deixem-me só na calada da noite,
Deixem-me só com o pensamento,
Deixem-me só com a noite abraçada,
Deixem-me só na hora de reflexão.

Não venham com contos lisonjeiros,
Não venham nesta hora sábia, agora,
Manifestar gratidão ou rebeldia
Que eu sei quem já fez melhor e mais.

Deixem-me só tentar de novo,
Deixem-me só mais uma vez,
Deixem-me só escolher sozinho
Deixem-me só decidir também.

Não pensem que eu penso agora,
Começar do nada desta vez
Pois trago doutros tempos,
A herança doutras gerações.

Deixem-me só na calada da noite,
Deixem-me só com o pensamento,
Deixem-me só com a noite abraçada,
Deixem-me só na hora de decisão.

Silent Prayer

Leave me alone in the silence of night,
Leave me alone with my very own thoughts,
Leave me alone with the night that enfolds me,
Leave me alone in the hour of reflection.

Don't come to me with those flattering stories,
Don't come to me at this wise hour, not now,
To manifest gratitude or to rebel
For I know who's done so much better and more.

Leave me alone so I'll try it again,
Leave me alone, all alone once again,
Leave me alone and I'll choose by myself
Leave me alone to decide by myself.

You shouldn't think that I'm just now thinking,
Starting from nothing, from zero this time
For I have the mem'ry of long ago ages,
I have the heritage of generations.

Leave me alone in the silence of night,
Leave me alone with my very own thoughts,
Leave me alone with the night that enfolds me,
Leave me alone in the hour of decision.

"Quando a noite cair"

Quando a noite cair
de vez sobre o meu peito
e os meus dentes perderem
de vez a vontade de rir
todos dirão que eu morri.
Só o meu corpo dirá ainda
o que fui,
como vivi,
se fui ou não feliz.

When night falls

When night finally falls
on my bosom
and my teeth finally lose
the desire to laugh
everyone will say that I've died.
Only my body will still say
what I was,
how I lived,
whether I was or was not happy.

Aviso de divulgação fácil

Querer combater
A dependência do exterior
Implica
A dependência do interior

Querer combater
A dependência do interior
Suscita
A dependência do exterior

Warning of Easy Disclosure

The desire to combat
The dependency from the exterior
Implies
The dependency of the interior

The desire to combat
The dependency of the interior
Brings
The dependency from the exterior

Palavra de ordem para todos

Aprender para ensinar
Ensinar para motivar
Motivar para criar
Criar para reter
Reter para viver
Hoje e amanhã.

Word of Order for Everyone

Learn in order to teach
Teach in order to motivate
Motivate in order to create
Create in order to retain
Retain in order to live
Today and tomorrow.

Aíto de Jesus Bonfim
(1955–)

Aíto Bonfim (Ângelo do Nascimento de Jesus Bonfim) nasceu na cidade de S. Tomé, em S. Tomé e Príncipe, a 30 de Março de 1955.

É licenciado em Direito pela Faculdade de Direito da Universidade Clássica de Lisboa, Portugal (1982). Fez o Curso de Magistratura Judicial no Centro de Estudos Judiciários em Lisboa (1984). Tem mestrado em Administração de Portos e de Companhias Marítimas feito na Universidade de Malmo, Suécia (1991).

Publicou *A Berlinização ou Partilha de África*—teatro (1987), *Poemas* (1980), *O Suicídio Cultural*—romance (1992), *Aspiração*—poemas (2002). Obteve os seguintes prémios literários: Primeiro Lugar de Poesia, *A Minha Mãe*—Centenário da Maternidade Alfredo da Costa, Lisboa, Portugal (1983); Primeiro Lugar de Teatro: *O Golpe*; Segundo Lugar de Poesia, *O Tumultuoso Horrendo*—Concurso da União Nacional de Escritores e Artistas Santomenses (1990). Todos os poemas que aparecem nesta antologia vem de *Aspiração* (São Tomé: Instituto Camões-Centro Cultural Português em S. Tomé e Príncipe, 2002).

Aíto de Jesus Bonfim
(1955–)

Aíto Bonfim (Ânglelo do Nascimento de Jesus Bonfim) was born on March 30, 1955, in the city of São Tomé, São Tomé and Príncipe.

He holds a Licenciate degree in Law from the Law School of the Classical University of Lisbon, Portugal (1982). Soon thereafter he pursued a degree in Magisterial Justice from the Center of Judicial Studies in Lisbon (1984). He also holds a Masters Degree in the Administration of Ports and of Maritime Companies, from the University of Malmo, Sweden (1991).

He has published *A Berlinização ou Partilha de África*—theater (1987), *Poema*—poetry (1980), *O Suicídio Cultural*—novel (1992), *Aspiração*—poetry (2002). He has received the following literary prizes: First Place for Poetry, *A Minha Mãe*—Centennial of the Maternity Hospital Alfredo da Costa, Lisbon, Portugal (1983); First Place for Theater: *O Golpe*; Second Place for Poetry, *O Tumultuoso Horrendo*—competition sponsored by the National Union of Writers and Artists of São Tomé (1990). All of the poems by Aíto de Jesus Bonfim that appear in this anthology come from his book *Aspiração* (São Tomé: Instituto Camões-Centro Cultural Português in S. Tomé e Príncipe, 2002).

É preciso consagrar

É preciso consagrar
Uma fé estranha
No futuro dos homens
Uma crença inabalável
No seu poder
E, por que não, amor
Muito amor?!

It Is Necessary to Consecrate

It is necessary to consecrate
A peculiar faith
In the future of mankind
An unshakable belief
In its power
And, why not, love
Lot's of love?!

Espantar a fome

A África humana desmaiando
Louca num frenesim
De dança mágica
Ao ritmo arrebatante
Dum batuque electrizante
Pretende, impossível
Espantar a fome

A fome
No alto coro dos Zaires e Amazonas
No tam-tam perene vibrando
Na pele negra do músico ébrio
Dançando ao ritmo escravizante
Do chiar dorido do estômago oco

A fome
O som
A música
A dança
E a boca
E a boca
Numa síntese histórica
Da África humana.

To Drive Away Hunger

Human Africa is fainting
Crazily in a frenzy
Of magical dancing
To the rapturous rhythm
Of an electrifying drum beat
Pretending, impossible
To drive away hunger

Hunger
In the high chorus of the Zaires and Amazons
In the perennially vibrating tam-tam
In the black skin of the inebriated musician
Dancing to the enslaving rhythm
Of the painful screeching of the hollow stomach

Hunger
The sound
The music
The dance
And the mouth
And the mouth
In a historical synthesis
Of human Africa.

Sinto a África

Sinto toda a África
Consubstanciada em mim

Navego pelos seus rios tumultuosos
Nos leitos das minhas veias nilóticas, zambezianas
Até as flores e savanas
No emaranhado virgem
Do meu cabelo verdejante e castanho
Balouçando ao vento soprado nos brônquios

Ao som da música ecoada
No ritmo do barulho compassado
Do meu coração afro-forme-tambor entre pulmões
Bailo em passos dançantes
Das suas sístoles e diástoles
Movimentos peristálticos, famintos e libidinosos
Sob os constantes e eternos trinta e sete graus

Corporizo a sua história passada e presente
Vestida dos meus farrapos
Ou simplesmente nua
Contada ao longo de toda a minha alma rebelde e murmurante
Por artérias lendárias
No fluído de memórias coletivas de sangue
E registada na tradição em abandono ingrato
Das minhas células cerebrais e orais

Precipito-me em queda livre
Sob o fardo da Antiáfrica
De erros-algodão alheio
De ignorância-cacau

De derrotas-café
Pelas ladeiras de séculos escorregadias
Das suas frustrações côncavas
Até à base da depressão espiritual do Lago Chade

I Feel Africa

I feel the whole of Africa
Consubstantiated in me

I navigate through its tumultuous rivers
In the bed of my Nilotic and Zambian veins
To the flowers and savannahs
In the virgin tangle
Of my greenish and brown hair
Swaying in the wind blown from my bronchi

To the sound of the echoing music
In the rhythm of the noisy beat
Of my afro-formed-drum heart between my lungs
I dance to the dancing steps
Of its systoles and diastoles
Peristaltic movements, famished and libidinous
Under the constant and eternal thirty seven degrees centigrade

I incorporate its past and present history
Dressed in my rags
Or simply naked
Told throughout all my rebellious and murmuring soul
By legendary arteries
In the fluidity of collective blood memories
And registered in the tradition and ungrateful abandonment
Of my cerebral and oral cells

I precipitate myself in free fall
Under the heavy load of Antiafrica
Of errors-foreign cotton
Of ignorance-cacao

Of defeated-coffee
Along the slippery slopes of centuries
Of its concave frustrations
Up to the base of spiritual depression at Lake Chad

Ainda vejo-a erguer-se
Em Kilimajaros soberbos
Futas-Jalons radicais de marfim
No meu peito-Atlas a separar
Intransponível
Esses estrangeiros fortes
Pela miséria alheia, destruição necessária e útil

Tal como desprezo com repugnância
Os dejetos *idi amin*
Não devia tolerar levianamente
Os seus Neros abundantes
Culturalmente estranhos
Bokassas napoleónicas com pólvora
Ou caricaturas de modelos falsos
Macias N'guemas hitlerianos
Por acidente nascidos em África
De azagaias já sem cabo, tristemente

Vejo por Tanganicas olhos Niassas
As serpentes em oxíuros politicamente venenosos
Nos meus intestinos
Envoltos por mares
E céu azul de peritoneu

Sinto todo o seu térreo soalho
Na minha pele de Sahel ressequida
Fustigada por açoites de tufões ciclónicos

Os areais imensos sem fim
Nas minhas células saarianas e infinitas
Em remoinho de vendavais

O lamacento horrível e fértil das chuvas
Nas lágrimas dos fracos
E no suor da enxada trovejante e torrencial
Em lagos subcutâneos do meu sangue
Ao longo do meu corpo rasgado

I still see it raising itself
In majestic Kilimanjaros
Radical Futas-Jalons of ivory
In my Atlas chest separating
Untransportably
Those strong foreigners
Through alien miseries, necessary and useful destruction

Just as I despise with repugnance
The dejecta *Idi Amin*
I should not lightly tolerate
Its abundant Neros
Culturally foreign
Napoleonic Bokassas with powder
Or caricatures of false models
Hitleresque Macias N'guemas
By accident born in Africa
From azagaia trees without end, sadly

I look over Tanganyikas with Niassan eyes
The serpents in oxiuroses politically poisonous
Are in my intestines
Enwrapped by seas
And blue skies of peritonitis

I feel all of its dirt floors
In my dried Sahel skin
Thrashed by the whips of cyclonic tornados

The immense sand dunes without end
In my Saharan and infinite cells
In maelstroms of wind storms

The horrendous muddy and fertile rains
In the tears of the weak
And in the sweat of the thundering and torrential hoe
In subcutaneous lakes of my blood
All throughout my ripped-apart body

Em guerras nefastas por raios
Movimentos tectônicos
Vulcões incandescentes
E também por estas baionetas antiafricanas
Enterradas há séculos
Na garganta-espírito africano
Fatalmente em agonia ignorada

Para o arrepio
Do espírito vaidosamente modelar
Gostaria de ser
E tenho de ser sempre
Simplesmente africano

Sinto ainda toda a nossa África consubstanciada em mim.

In nefarious wars by lightening
Tectonic movements
Incandescent volcanoes
And also by these anti-African bayonets
Entombed for centuries
In the African throat-spirit
Fatally ignored in agony

To give goose bumps
To my arrogant model spirit
I would like to be
And I always have to be
Simply African

I still feel all of our Africa consubstantiated in me.

As espécies humanas

No mundo há duas espécies humanas:
Os africanos
E os outros
São africanos os guerreiros
Que o defendem do saque destes outros.

The Human Species

In the world there are two kinds of human species:
The Africans
And the rest
Africans are the warriors
Who defend it from the looting of these others.

O amor

As Vozes de África
Clamando em coro
Gritarias constantes
Rasgando a espessura das florestas
Tam-tam vibrando enfeitiçante
Nas intermináveis savanas
Música sonora
Ecoando em coro forte de milhões
Por todo o espaço humano
O africano abandonando
A carne e a alma diluída
Na dança rítmica
Síntese eterna da vida oferecida ao
Batuque.

Love

The Voices of Africa
Clamoring in chorus
Constantly shouting
Stripping the lushness of the forest
Tam-tam vibrating bewitchingly
In the interminable Savannas
Sonorous music
Echoing in a strong chorus of millions
Throughout all human space
The African abandoning
The diluted flesh and soul
In the rhythmic dance
Eternal synthesis of life offered by
The *batuque* drumming.

Twentieth Century
(Born in the 1960s)

Século XX
(Nascidos nos anos 60)

Conceição Lima
(1961–)

Maria da Conceição Costa de Deus Lima nasceu em Santana, na ilha de São Tomé, a 8 de Dezembro de 1961. Aí cresceu e fez os estudos primários e secundários. Então viajou a Portugal onde estudou jornalismo. Voltando a São Tomé e Príncipe trabalhou e exerceu cargos de direção na rádio, na televisão e na imprensa escrita. Depois da abertura multipartidária no seu país, fundou, em 1993, o já extinto semanário independente *O País Hoje*, de que foi diretora.

 É licenciada em Estudos Afro-Portugueses e Brasileiros pelo King's College de Londres e mestre em Estudos Africanos, com especialização em Governos e Políticas em África, pela School of Oriental and African Studies (SOAS) de Londres. Foi durante vários anos jornalista e produtora dos Serviços de Língua Portuguesa da BBC, em Londres. Presentemente é jornalista da TVS, Televisão São-Tomense.

 Tem poemas dispersos em jornais, revistas e antologias de vários países. Em 2004 publicou *O Útero da Casa*, o primeiro volume de poesia; em 2006 *A Dolorosa Raiz do Micondó*, sendo *O País de Akendenguê* o seu mais recente título (2011). Todos os poemas de Conceição Lima que aparecem nesta antologia vem deste último volume.

Conceição Lima
(1961–)

Maria da Conceição Costa de Deus Lima was born in Santana, on the Island of São Tomé, on December 8, 1961. There she grew up and completed her primary and secondary education. She then travelled to Portugal where she studied journalism. Back in São Tomé e Príncipe she worked in and held positions of administration in radio, in television, and in newspapers. After her country became a multiparty political system, she founded in 1993, the now defunct independent weekly *O País Hoje,* of which she was director.

She received her Licentiate degree in Afro-Luso-Brazilian Studies from King's College in London, and a Master's degree in African Studies, specializing in Government and Politics in Africa, from the School of Oriental and African Studies (SOAS) in London. For several years she was a journalist and a producer for the Portuguese Language Services of the BBC in London. Presently she is a journalist with TVS, Television of São Tomé.

Many of her poems have appeared in newspapers, magazines, and anthologies published in various countries. In 2004 she published her first volume of poetry, *O Útero da Casa*; in 2006 she published *A Dolorosa Raiz do Mocondó,* while *O País de Akendenguê* is her most recent title (2011). All the poems of Conceição Lima that appear in this anthology come from this last volume.

Três verdades contemporâneas

Creio no invisível
Creio na levitação das bruxas
Creio em vampiros
Porque os há.

Three Contemporary Truths

I believe in the invisible
I believe in the levitation of witches
I believe in vampires
Because they exist.

Viajantes

Traziam poentes e estradas
A sede do horizonte os chamava.

—A quem pertences tu?
Quem são os da tua casa?

Assim estendia nossa avó
A caneca de água ao viajante.

Travelers

They brought sunsets and roadways
The horizon's thirst called to them.

—To whom do you belong?
Who are your people?

That's how our grandmother extended
A bottle of water to the traveler.

Projeto de canção para Gertrudis Oko e sua mãe

Amanhã iremos:
antes do primeiro galo, pé ante pé
não vá despertar a cidade que enfim ressona.

Iremos juntas
engomada e passajada a velha saia

O lenço de vivas ramagens,
negaceado às tranças

Iremos
sem temor dos fantasmas.

Conhecemos o trilho.
De olhos fechados o conhecemos, tu e eu—
adivinhamos o risco no chão
escavamos a decisão das pedras
já deciframos o enigma de todas a perdas.

Ao virar da esquina seguiremos em frente
Sem vergar a cabeça, afastaremos o capim
Sentiremos o frio do orvalho nas nossas pernas—caminhemos

Ao encontro do pregão no ventre da praça:
odores secretos, a luz das mangas
a voz da velha Mercedes proclamando a frescura das couves.

Design of a Song for Gertrudis Oko and Her Mother

We will go tomorrow:
before the first rooster, step by step
so as not to wake the city that is finally snoring.

We will go together
with the old skirt starched and ironed

The headscarf with lively branches,
enticingly attached to the braids

We will go
without fear of ghosts.

We know the trail.
With our eyes shut we know it, you and I—
we anticipate the risks on the ground
we excavate the decision of the stones
we've already deciphered the enigma of all the loses.

As we turn the corner we will go straight ahead
Without lowering our heads, we will push away the grasses
We will feel the chill of the dew on our legs—let's walk

At the rendezvous of the street vendor's cries in the middle of the square:
secret smells, the light of the mangos
the voice of old Mercedes proclaiming the freshness of her kale.

Tu sabes que o futuro
À Maria Odete da Costa Semedo

Foi naquela tarde em Coimbra, estava Luuandino.
Não te cansaste de me falar do mar, os matizes do azul.
Não te cansaste de erguer as vozes do mangais.
Não te cansaste de iluminar a extensão dos arrozais.

Revelaste provérbios, a verdade das cores
Destrançaste dos tecidos os segredos.
Partilhaste redondos saberes
à sombra da árvore mas antiga da tabanca.

Enquanto falavas
os matizes do mar, dos mangais, dos arrozais
sustentavam no arco-íris o teu sorriso.

É que tu sabes que o futuro nunca deixou de habitar
insólitos lugares—os olhos do Geba, a casa ao fundo.

Por isso transportas cantando
o pólen nas tuas feridas.

You Know That the Future
For Maria Odete da Costa Semedo

It was on that evening in Coimbra, Luuandino was there.
You never tiered of talking to me about the sea, the shades of blue.
You never tired of raising your voice about the mangrove thickets.
You never tired of illuminating the extent of the rice fields.

You revealed proverbs, the truth of colors
You unraveled the secrets from out the fabrics.
You shared fully rounded bits of wisdom
in the shade of the oldest tree of the rural village.

And while you spoke
the blend of colors in the sea, the mangroves, and rice fields
nourished the rainbow of your smile.

It's just that you know the future never stopped inhabiting
unusual places—the eyes of Geba, the house in the rear.

That's why you transport singing
the pollen in your wounds.

A dádiva

Dormitavam os deuses à sombra das ruínas
quando o jovem pintor se condoeu daquele jardim.

Tinha mares nos olhos o jovem pintor
o amor dos bosques dentro da pele
e às palmeiras, o dom de as fazer
mais retas e verdes.

O jovem pintor tinha uma juba—
barba de milho e açafrão.
Dentro sonhavam ovos de pomba
e um falcão.

Quando olhou para o jardim
tão condoído ficou o pintor
que meteu a mão nas pregas do peito
tirou de dentro todos os mares
o amor dos bosques e borboletas.

Escolheu um cano ferido de luz.

Afastou com cuidado as folhas idas
e os ramos quebrados.

Com os dedos traçou a saga do obô
a posse do mar.

As folhas mortas, guardou-as no bolso.

E meteu no peito o bater da mão
deixando na ilha o coração.

The Gift

The gods were slumbering in the shade of the ruins
when the young artist took compassion on that garden.

He had seas in his eyes that young artist
the love of forests within his skin
and for the palm trees, the gift of making them
more erect and green.

The young artist had a lion's mane—
a beard of corn and saffron.
Within dreamed dove eggs
and a falcon.

When he looked upon the garden
he became so filled with compassion
that he thrust his hand into the crease of his chest
and pulled out all the seas
the love of forests and butterflies.

He chose a wounded tube of light.

He carefully pushed away the bygone leaves
and the broken branches.

With his fingers he traced the saga of the obô
the appropriation of the sea.

The dead leaves, he kept in his pocket.

And thrust into his chest the beating of his hand
leaving his heart on the island.

Os mortais infinitos

Titina era bela.
Osvaldo era belo.
Pansau era belo.
Belos Pedro e Aristides
Ivete, Carmen, Francisca
Abílio, Xico e Djaló.

Eram como tu magros e belos
Magníficos e falíveis como tu
Como tu, de barro, como nós, nascente.
E traziam na raiz dos cabelos a mesma semente.

Vizinha e súbita era a morte
Voraz o seu dente final e frio
Sua canção de derrota e de cio.

Dançavas porém solar e forte
Com a camponesa espoliada de sua colheita
O estivador privado da mão direita
O estudante que devorou toda a fronteira.

A mão que domava o fuzil traçava
na folha em branco
a resposta à acumulada ferida.

Conhecias da afronta os abismos
Sabias: a razão da vítima incuba a atrocidade.

Pensavas para não morrer.

Uma hirsuta pomba sondava aquela marcha de amor e represália.

The Infinite Mortals

Titina was beautiful.
Osvaldo was beautiful
Pansau was beautiful.
Beautiful Pedro and Aristides
Ivete, Carmen, Francisca
Abílio, Xico and Djaló.

They were like you thin and beautiful
Magnificent and fallible like you
Like you, made of mud, like us, a nascent breed.
And they carried in the roots of their hair the same seed.

Next-door and subtle was death
Voracious was his last tooth and cold
His song was of defeat and of estrus bold.

You danced nevertheless sunny and strong
With the country girl whose harvest was robbed
The stevedore with right hand cut off and knobbed
The student that devoured the entire frontier.

The hand that controlled the rifle traced
on the white sheet of paper
the answer to the accumulated wound.

You knew about the abyss of the affront
You knew: the reason of the victim prepares the atrocity.

You thought in order not to die.

A bristly dove investigated that march of love and reprisal.

Poema para minha avó

É nos teus olhos que acorda
o jardim das plantas boas.
Cada cheiro guarda um nome
O orvalho renova a história da cura.

Escuta: a casa dorme ainda, só o galo e a vigília
Só húmidos, os dedos e a lua em despedida.

A nervura é uma linhagem.

Avó, lembro-me dos pingos, a luz do matrusso
na mão que espremia o amargo milagre.

Poem for My Grandmother

It is within your eyes that
the garden of useful plants awakens.
Each smell carries a name
The dew renews the history of the cure.

Listen: the house is still asleep, just the rooster and the night watchman
Just humid, the fingers and the moon about to depart.

The sinewy nervure is a lineage.

Grandmother, I remember the drops, the light of the matrusso medicinal plant
in your hand that squeezed out the bitter miracle.

Manuel Teles Neto
(1964–)

Manuel da Costa Teles Neto nasceu na cidade de S. Tomé, na Ilha de S. Tomé, em S. Tomé e Príncipe, a 13 de Agosto de 1964.

Fez os estudos secundários no Liceu Nacional de S. Tomé e iniciou estudos universitários na Universidade Estatal de Moscovo (Faculdade de Ciências Biológicas), em 1982. Aí ficou muito doente, mas enquanto recuperava sua saúde, escreveu muita poesia. Posteriormente frequentou um curso intensivo de Comunicação Social, Marketing e Relações Públicas, na Escola Superior de Comunicação Social de Lisboa, em 1992. É licenciado também em Estatística e Gestão (média de quinze valores) pela Faculdade de Economia da Universidade Nova de Lisboa (2000).

Em 1990, venceu o Concurso Literário "Vozes das Ilhas", promovido pela UNEAS (União Nacional dos Escritores e Artistas Santomenses), na modalidade Poesia e obteve uma Menção Honrosa na modalidade de Prosa. Escreveu o guião para um filme de curta metragem sobre SIDA, realizado pela TVS (Televisão São-tomense), tendo igualmente dirigido os atores e participado como protagonista. Presentemente é funcionário da CST (Companhia Santomense de Telecomunicações), em S. Tomé.

Todos os poemas de Manuel Teles Neto que aparecem nesta antologia vem do livro *Maresia Tropical* (S. Tomé: Instituto Camões—Centro Cultural Português em S. Tomé e Príncipe, 2003).

Manuel Teles Neto
(1964–)

Manuel da Costa Teles Neto was born on August 13, 1964, in the city of São Tomé, on the Island of São Tomé, in São Tomé and Príncipe.

He graduated from high school at the National Lyceum of S. Tomé, and then began his university studies in 1982, at the State University of Moscow (College of Biological Sciences). There he became very ill, but while recuperating, wrote a lot of his poetry. He subsequently completed an intensive course in Social, Marketing, and Public Relations Communications, at the Escola Superior de Comunicação Social in Lisbon, Portugal, in 1992. He also holds a Licentiate degree in Statistics and Administration (with an average of fifteen) from the College of Economics at the New University of Lisbon (2000).

In 1990, he won the Literary Contest "Vozes das Ilhas" sponsored by UNEAS (National Union of Writers and Artists of São Tomé), in the category of Poetry and received Honorable Mention in the category of Prose. He has written the script for a short documentary on AIDS, produced by TVS (São Tomé Television), in which he played a part and was the director. He has worked for CST, a telecommunications company of São Tomé.

All the poems by Manuel Teles Neto that appear in this anthology were taken from *Maresia Tropical* (S. Tomé: Instituto Camões—Centro Cultural Português em S. Tomé e Príncipe, 2003).

Carta

Ao Onofre Fernandes

Estou no hospital, meu amigo,
Baila a *mortegoista* comigo.
Alegam que frio de neve me torturou
E minha mimosa carne não aguentou...

Não quero morrer, meu amigo,
Aventurar quero infinito eu contigo;
Sentir para julgar quero a vida a passar
Sofrer e *maturar* quero para pensar.

Aqui, no lúgubre cárcere, meu caro,
Tudo medonho e sinistro encaro
Não há sonho, aventura, esperança
Visto lágrimas de tristes lembranças.

Quando palavras tuas recordo conselheiras
De tuas mãos implacáveis companheiras
Renascem os sonhos e a vontade de resistir
E da liberdade, em esperança firme, emergir.

Moscovo (Hospital 64), Janeiro, 1984

Letter

To Onofre Fernandes

I'm in the hospital, my friend,
Egotistdeath is dancing with me I contend.
They say that cold and snow has tortured me
My tender flesh could not resist, you see . . .

I do not want to die, my friend,
I want adventures infinite with you to spend;
To feel, to judge that's how I want my life
To suffer, *grow* that's what I want to think of strife.

In this lugubrious cell, my friend most dear,
All things I see are sinister and frightful here
There are no dreams, adventures, hope or gladness
I just wear tears of memories and sadness.

When I recall the words of counsel you gave me
Your hands implacable, your company
My dreams renew, my will to live, to fight
And from that freedom, hope and I emerge all right.

Moscow (Hospital 64), January of 1984

Lenda

Sócrates casou-se afortunado infeliz
Sócrates tornou-se num grande filósofo
Eu apaixonei-me desventurado petiz
Eu tornei-me num louco poeta.

Da esposa esquece-se a história
Sócrates continua vivo e ilustre
De mim ninguém terá memória
Não é uma questão de Leis ou Justiça.

Mas o amor vento algum destroçará
Ele é eterno e real como a matéria
Independente dos preconceitos viverá
Independente das Leis e das Filosofias.

                      Moscovo, Fevereiro, 1984

Legend

Socrates was married, fortunate but sad was he
Socrates became a great philosopher
I, a lad, did fall in love unhappily
And I became a crazy bard a poet.

His wife has been forgotten in our history
But Socrates's alive and still illustrious
Of me no one will have even a memory
It's not a case of Law or even Justice.

But love, no wind can crush, no storm can kill
For love is real eternal like all matter
Regardless of the prejudices, live it will
Regardless of the Law or of Philosophy.

                Moscow, February, 1984

Altar

À Maria Tomé

Se eu fosse abelha serias a minha Flor
Se eu fosse noite serias a minha Lua
Se eu fosse piloto serias a minha Nave
Se eu fosse planeta serias a minha Estrela.

Mas eu sou um simples caminheiro apaixonado
Procuro alcançar o teu paraíso como louco
Tu és tudo o que cabe num sonho de amor
Como construir para ti um altar
Meu coração não sabe.

     Março, 1999

Altar
To Maria Tomé

If I were a bee you'd be my Flower
If I were nighttime you'd be my Moon
If I were a pilot you'd be my Ship
If I were a planet you'd be my Star.

But I'm a simple wayfarer who's in love
I try to reach your paradise like a crazy man
You are everything that can fit inside a dream of love
How to construct for you an altar
My heart doesn't know.

                March, 1999

As páginas da vida

A vida é um romance
Contado em quatro páginas
    Cada página um capítulo
Primeira página—a nascença
Segunda página—a infância
Terceira página—a adolescência
Quarta página—a *aldutência*
    Cada página com o seu sabor
Mas há uma palavra comum: submissão
Mais amarga na última página
A página da submissão consciente,
Submissão aguda e angustiante.

Novembro, 1985

The Pages of Life

Life is a novel
Unfolded in four pages
    Each page a chapter
First page—birth
Second page—infancy
Third page—adolescence
Fourth page—adulthood
    Each page with its own flavor
But there is one word in common: submission
More bitter on the last page
The page of conscious submission
Acute and anguished submission.

                  November, 1985

Parabéns amiga
Para uma amiga na recepção do seu diploma

Sei que trazes noites friorentas na memória
Mas vês, valeu a pena toda a ânsia persistente
Agora, como é doce e radiante a vitória
Tanto que teu futuro será só emoção palpitante.

Foram os teus estudos cheio de tanta penúria
Como agora reluz a vitória de tanta luxúria
É-me deveras feliz saber tão crentes teus propósitos
Tanto que meu braço terás no caminho para os teus êxitos.

Junho, 1989

Congratulations Friend

For a female friend upon the receipt of her diploma

I know you harbor chilly nights within your memory
But see, it was worthwhile all that persistent anxiousness
And now, how sweet and radiant is the victory
So much so that your future will just be palpitating emotion.

Your studies they were filled with such penuriousness
As now the victory shines with such luxuriousness
I'm truly pleased to know the clear direction that your plans express
Such that you'll have my arm along the way for each success.

June, 1989

Direitos autorais/Copyright Acknowledgments

Para poetas vivos, autorização concedida pelos próprios autores; para poetas falecidos, autorização concedida pelos herdeiros e/ou seus representantes.

For living poets, permission granted by the authors themselves; for deceased poets, permission granted by the heirs and/or their representatives.

Alegre, Francisco Costa © Francisco Costa Alegre para "Matété", "O ovo de Colombo", "Angola", "Homem", "Família"

Almeida, Armindo Vaz de © Armindo Vaz d'Almeida para "Vida", "A prece necessária", "25 Cravos para Portugal", "Por um 8 de Março", "Poema ao vento sul"

Anjos, Frederico Gustavo dos © Frederico Gustavo dos Anjos para "A lenda de um anel doirado", "Rogo em silêncio", "Quando a noite cair", "Aviso de divulgação fácil", "Palavra de ordem para todos"

Beja, Maria Olinda Beja © Maria Olinda Beja para "Quem somos?", "Por ti", Razões", "Ébano", "Germinal"

Bonfim, Aíto de Jesus © Aíto de Jesus Bonfim para "É preciso consagrar", "Espantar a fome", "Sinto a África", "As espécies humanas", "O amor"

Levy, Herculano © Herdeiros de Herculano Levy para "O renegado", "Contraste", "Aniversário", "Soneto", "1917", "Caridade"

Lima, Conceição © Conceição Lima para "Três verdades contemporâneas", "Viajantes", "Projeto de canção para Gertudis Oko", "Tu sabes que o future", "A dádiva", "Os mortais infinitos", "Poema para minha avó"

Margarido, Maria Manuela © Herdeiros de Maria Manuela Margarido para "Sòcòpé", "Roça", "Paisagem", "Vós que ocupais a nossa terra", "Memória da Ilha do Príncipe", "Serviçais"

Medeiros, António Tomás © António Tomás Medeiros para "Maxibim Poçon", "Um socopé para Nicolás Guillén", "Meu canto Europa", "O novo canto da mãe", "Canção do ilhéu"

Negreiros, Almada © Herdeiros de Almada Negreiros para "E continuam a nascer soldados", "Do Éther o Destino me lançou em pára-queda", "Luís o poeta salva a nado o poema", "Rosa dos ventos", "A flor tem linguagem de que a sua semente não fala", "Momento de poesia", "esta grandeza de não a ter", "Coimbra"

Neto, Manuel Teles © Manuel Teles Neto para "Carta", "Lenda", "Altar", "As páginas da vida", "Parbéns amiga"

Salvaterra, Jerónimo © Jerónimo Salvaterra para "Desejo oculto", "Dia da família", "Rapsódia cultural", "Roças", "Sonhos"

Santo, Alda Espírito © Herdeiros de Alda Espírito Santo para "Lá no Água Grande", "Para lá da praia", "Em torno da minha baía", "No mesmo lado da canoa", "Avó Mariana", "Onde estão os homens caçados neste vento de loucura"

Tenreiro, Francisco José © Imprensa Nacional-Casa da Moeda. Direitos cedidos pela INCN, Lisboa (www.incm.pt) para "Romance de Sinhá Carlota", "Logindo o ladrão", "Fragmento de blues", Abraham Lincoln", "Poente", "Canção do mestiço", "Romance de Sã Márinha", "1619", "Romance de Seu Silva Costa"

Veiga, Marcelo © Herdeiros de Marcelo Veiga para "O batuque, V", "Costa Alegre", "Regresso do homem negro", "Nova lira—canção", "É vergonha ou o quê?", "África é nossa"

Direitos autorais/Copyright Acknowledgments — 327

Notas sobre o tradutor

Frederick G. Williams (1940) recebeu seu bacharelado em Civilização Hispânica da Universidade de Brigham Young em 1965; o grau de Mestre em 1967 e o Doutorado em 1971 em Literatura Luso-Brasileira, da Universidade de Wisconsin. Começou a carreira acadêmica como professor assistente na Universidade da Califórnia em Los Angeles (UCLA), onde ensinou por dois anos antes de se juntar ao corpo docente da Universidade da Califórnia em Santa Bárbara (UCSB) em 1975. Além de servir por seis anos como chefe do Departamento de Espanhol e Português, ele ajudou a criar e foi também o primeiro diretor do Centro de Estudos Portugueses Jorge de Sena da UCSB, o qual foi tornado possível através de doações generosas recebidas da Fundação Calouste Gulbenkian de Lisboa, Portugal. Em 1999, depois de vinte sete anos ensinando na Universidade da Califórnia, o Professor Williams passou a integrar o corpo docente do Departamento de Espanhol e Português da Universidade de Brigham Young, onde lhe foi outorgada a Cadeira Literária Gerrit de Jong, Jr., de Estudos Luso-Brasileiros.

O Professor Williams publicou três volumes da sua própria poesia (o mais recente intitulado *A Delightful Journey* [Uma viagem deleitosa] que acompanha as viagens de sua vida por quatro continentes) e é autor de mais de 50 artigos e de 11 volumes na área de língua e literatura portuguesa, os quais incluem estudos sobre obras importantes como o *Orto do Esposo* e sobre figuras principais como Luís Vaz de Camões, Pe. José de Anchieta, S.J; Pe. António Vieira, S.J. e Jorge de Sena, assim como estudos sobre o escritor e pintor moçambicano António Quadros. Também tem publicado três volumes de história sobre A Igreja de Jesus Cristo dos Santos dos Últimos Dias (Mórmon), incluindo a biografia de seu tátara avô e cognome intitulado *The Life of Dr. Frederick G. Williams, Counselor to the Prophet Joseph Smith* (A Vida do Dr. Frederick G. Williams, Conselheiro do Profeta José Smith) (2012).

No Brasil, seu livro *Sousândrade: vida e obra*, e dois outros volumes coeditados com Jomar Moraes, *Sousândrade: inéditos* e *Sousândrade: prosa*

Notes on the Translator

Frederick G. Williams (1940) was awarded a BA in Hispanic Civilization from Brigham Young University in 1965 and an MA in 1967 and PhD in 1971 in Luso-Brazilian literatures from the University of Wisconsin. He began his academic career as an assistant professor at the University of California, los Angeles (UCLA), where he taught for two years before joining the faculty at the University of California, Santa Barbara (UCSB) in 1974. In addition to serving for six years as chair of the Department of Spanish and Portuguese, he helped establish and was the first director of the Jorge de Sena Center for Portuguese Studies at UCSB, which was endowed by a generous grant from the Calouste Gulbenkian Foundation of Lisbon, Portugal. After twenty-seven years teaching at the University of California, professor Williams joined the faculty of Brigham Young University in the Department of Spanish and Portuguese in 1999, where he was named the Gerrit de Jong, Jr., Distinguished Professor of Luso-Brazilian Studies.

Professor Williams has published three volumes of his own poetry (the latest entitled *A Delightful Journey* that follows his life's travels over four continents), and is the author of more than fifty articles and eleven volumes in the field of Portuguese, which include studies on such important Portuguese works as the *Orto do Esposo* (The Bridegroom's Orchard), and such major writers as Luís Vaz de Camões; Father José de Anchieta, S.J; Father António Vieira, S.J; and Jorge de Sena, plus studies on Mozambican artist and writer António Quadros. He has also published three volumes on the history of The Church of Jesus Christ of Latter-day Saints (Mormon), including a biography on his great-great-grandfather and namesake entitled *The Life of Dr. Frederick G. Williams, Counselor to the Prophet Joseph Smith* (2012).

In Brazil, his book *Sousândrade: vida e obra* and two additional volumes coedited with Jomar Moraes, *Sousândrade: inéditos* and *Sousândrade: prosa* (now reedited in a single and expanded volume entitled *Poesia e prosa reunidas de Sousândrade*, 2003), led to his being awarded the Merit of Timbira

(agora reeditados num só volume intitulado *Poesia e prosa reunidas de Sousândrade*, 2003), levaram-no a receber do governador do Estado do Maranhão a Medalha do Mérito Timbira, a ser eleito membro correspondente da Academia Maranhense de Letras e agraciado pelo presidente do conselho municipal com o título de Cidadão Honorário de São Luís. Também recebeu a medalha Souzândrade (grau ouro) do reitor da Universidade Federal do Maranhão.

Em Portugal, o Professor Williams é mais conhecido pela sua obra sobre Jorge de Sena. Até a data, três volumes já vieram à lume: *The Poetry of Jorge de Sena* (A poesia de Jorge de Sena), *Studies on Jorge de Sena* (Estudos sobre Jorge de Sena, coeditado com Harvey L. Sharrer) e *Uma bibliografia cronológica de Jorge de Sena* (de coautoria com Jorge Fazenda Lourenço) publicado pela Imprensa Nacional-Casa da Moeda. Em preparação está *Jorge de Sena: 100 Poems, A Bilingual Selection* (Jorge de Sena: 100 poemas, uma seleção bilíngue).

Entre as suas traduções, encontramos um volume do poeta português Jorge de Sena, outro do poeta goês, José Rangel e mais recentemente a série de traduções que inclui *Poetas do Brasil, uma seleção bilíngue* (2004); *Poetas de Moçambique, uma seleção bilingue* (2006); *Poetas de Portugal, uma seleção de poemas do século XIII ao século XX* (2007); *Poetas de Cabo Verde, uma seleção bilingue* (2010); *Poetas da Ásia Portuguesa: Goa, Macau, Timor Leste* (2013); *Poetas de Angola, uma seleção bilingue* (2014); e o presente volume *Poetas de São Tomé e Príncipe, uma seleção bilingue* (2015). Professor Williams pretende traduzir ao inglês os poetas de todos os países e regiões onde o português é língua oficial, para que o povo que lê inglês possa conhecer a riqueza e beleza dessa tradição poética.

Em 1964 casou-se com a cantora, artista e jardineira-mor Carol Y. Williams; o casal tem 7 filhos, 20 netos e 2 bis-netos.

medal by the governor of the State of Maranhão, to election as a correspondent member of the Maranhão Academy of Letters, to Honorary Citizenship of São Luís, and to the bestowal of the Souzândrade Gold Medal awarded by the rector of the Federal University of Maranhão.

In Portugal, Professor Williams is best known for his work on Jorge de Sena. To date, three volumes have been published: *The Poetry of Jorge de Sena*, *Studies on Jorge de Sena* (coedited with Harvey L. Sharrer), and *Uma bibliografia cronológica de Jorge de Sena* (coauthored with Jorge Fazenda Lourenço) published by the Imprensa Nacional-Casa da Moeda. In preparation is *Jorge de Sena: 100 Poems, A Bilingual Selection*.

Among his translations we find a volume on the Portuguese poet Jorge de Sena, another by Goan poet, José Rangel, and more recently the bilingual translation series that includes *Poets of Brazil: A Bilingual Selection* (2004); *Poets of Mozambique: A Bilingual Selection* (2006); *Poets of Portugal: A Bilingual Selection of Poems from the Thirteenth through Twentieth Centuries* (2007); *Poets of Cape Verde: A Bilingual Selection* (2010); *Poets of Portuguese Asia: Goa, Macao, East Timor: A Bilingual Selection* (2013); *Poets of Angola: A Bilingual Selection* (2014); and the current volume *Poets of São Tomé and Príncipe: A Bilingual Selection* (2015). Professor Williams intends to translate into English the poets from all countries and regions whose official language is Portuguese, thus allowing English readers to explore and savor the richness and beauty of that poetic language tradition.

In 1964 he married professionally trained coloratura soprano, artist, and advanced master gardener Carol Y. Williams; the couple have seven children, twenty grandchildren, and two great-grandchildren.

Índice dos títulos

A dádiva 308
"A flor tem linguagem de que a sua semente não fala" 118
A lenda de um anel doirado 270
A negra 66
A prece necessária 232
Abraham Lincoln 140
África é nossa 102
Altar 320
Angola 262
Aniversário 78
As espécies humanas 292
As páginas da vida 322
Aurora 64
Aviso de divulgação fácil 276
Avó Mariana 184

Canção do ilhéu 208
Canção do mestiço 144
Caridade 84
Carta 316
"Coimbra" 124
Contraste 76
Costa Alegre 92

Delmirita 62
Desejo oculto 244
Dêssu mun, valê mun, Sun! (crioulo) 46
Deus meu, valei-me, Senhor! 46
Dia da família 246
"Do Éther o Destino me lançou em pára-queda" 108
"E continuam a nascer soldados" 106
É preciso consagrar 282
É vergonha ou o quê? 100
Ébano 218
Em torno da minha baía 176
Espantar a fome 284
"esta grandeza de não a ter" 122

Eu e os passeantes 60
Experiência 56
Família 266
Fragmento de blues 136
Germinal 220
Heranças 224
Homem 264
Júlia e Maria 52
Lá no Água Grande 170
Lenda 318
Logindo o ladrão 134
Luís o poeta salva a nado o poema 112
Margens 222
Maria 54
Matété 256
Maxibim Poçon (crioulo) 196
Maxibim Poçon 196
Memória da Ilha do Príncipe 164
Meu canto Europa 204
1619 150
1917 82
Momento de poesia 120
No mesmo lado da canoa 178
Nova lira—canção 98
O amor 294
O batuque, V 90
O novo canto da mãe 206
O ovo de Colombo 258
O renegado 74
Onde estão os homens caçados neste vento de loucura 188
Os mortais infinitos 310
Paisagem 160
Palavra de ordem para todos 278

Title Index

Abraham Lincoln 141
Africa Is Ours 103
Altar 321
And soldiers continue to be born 107
Angola 263
Are You Ashamed or What's the Deal? 101
Around My Bay 177
As Punishment for My Guilty Sins 45
Aurora 65

The Ballad of Missy Carlota 131
Ballad of Mr. Silva Costa 153
Ballad of Sā Márinha 149
The Batuque, V 91
Beyond the Beach 173
Birthday 79
The Black Girl 67

Charity 85
Coimbra 125
Compass Rose 117
Congratulations Friend 325
Contract Workers 167
Contrast 77
Costa Alegre 93
Cultural Rhapsody 249

Delmirita 63
Design of a Song for Gertrudis Oko and Her Mother 305
Dreams 253
Ebony 219
The Egg of Columbus 259
Experience 57
Family 267
Family Day 247

The flower has a language that its seed doesn't speak 119
For an 8th of March 237

For You 215
A Fragment of Blues 137
From Ether Destiny hurled me in a parachute 109

Germinal 221
The Gift 309
Grandma Mariana 185

Hidden Desire 245
The Human Species 293

I and Those Who Pass By 61
I Feel Africa 287
The Infinite Mortals 311
It Is Necessary to Consecrate 283

Julia and Mary 53

Landscape 161
Legacies 225
Legend 319
The Legend of a Golden Ring 271
Letter 317
Life 231
Logindo the Thief 135
Love 295
Luis the Poet Swimming Saves the Poem 113

Man 265
Margins 223
Mary 55
Matété 257
Maxibim Poçon 197
Memory of the Island of Príncipe 165
The Mestizo's Song 145
Mister Francisco Stockler 43
Moment of Poetry 121
The Mother's New Song 207
My Europe Song 205
My God, oh Succor Me, My Lord 47

Para castigar as minha culpas 44
Para lá da praia 172
Parabéns amiga 324
Pló castigu culpa mun (crioulo) 44
Poema ao vento sul 240
Poema para minha avó 312
Poente 142
Por ti 214
Por um 8 de Março 236
Projeto de canção para Gertrudis Oko e sua mãe 304

"Quando a noite cair" 274
Quem Somos? 212

Raízes 216
Rapsódia cultural 248
Regresso do homem negro 94
Roça 158
Roças 250
Rogo em silêncio 272
Romance de Sã Márinha 148

Romance de Seu Silva Costa 152
Romance de Sinhá Carlota 130
Rosa dos ventos 116

Senhor Francisco Stockler 42
Serviçais 166
Sinto a África 286
Sòcòpé 156
Soneto 58
Soneto 80
Sonhos 252
Sun Fâchicu Estoclê (crioulo) 42

Três verdades contemporâneas 300
Tu sabes que o futuro 306

Um socopé para Nicolás Guillén 200

Viajantes 302
Vida 230
25 Cravos para Portugal 234
Vós que ocupais a nossa terra 162

The Necessary Prayer 233
New Lyre—Song 99
1917 83

On the Same Side of the Canoe 179
Out in Água Grande 171

The Pages of Life 323
Plantation 159
Plantations 251
Poem for My Grandmother 313
Poem to the Southern Wind 241

The Renegade 75
Return of the Black Man 95
Roots 217

Silent Prayer 273
1619 151
Sòcòpé 157
A Socopé for Nicolás Guillén 201

Song of the Islander 209
Sonnet 59
Sonnet 81
Sunset 143

this greatness of not having it 123
Three Contemporary Truths 301
To Drive Away Hunger 285
Travelers 303
25 Carnations for Portugal 235

Warning of Easy Disclosure 277
When night falls 275
Where Are the Men Caught in This Insane Windstorm 189
Who Are We? 213
Word of Order for Everyone 279

You Know That the Future 307
You Who Occupy Our Land 163

Index — 335

Índice dos Poetas/Poets Index

Alegre, Costa 50
Alegre, Francisco Costa 254
Almeida, Armindo Vaz de 228
Anjos, Frederico Gustavo dos 268
Beja, Maria Olinda 210
Bonfim, Aíto de Jesus 280
Levy, Herculano 70
Lima, Conceição 298
Margarido, Maria Manuela 154
Medeiros, António Tomás 194
Negreiros, Almada 104
Neto, Manuel Teles 314
Salvaterra, Jerónimo 242
Santo, Alda Espírito 168
Stockler, Francisco 40
Tenreiro, Francisco José 128
Veiga, Marcelo 88